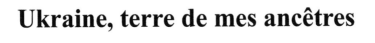

Ukraine, terre de mes ancêtres

Denise Périgault

Ukraine, terre de mes ancêtres
Essai

LE LYS BLEU
ÉDITIONS

Déjà parus

D'adolescence à Zéphyr – La Pensée Universelle, 1993 – pseudonyme : Hélène Deperine ;

Appartenance – Édilivre, 2017 ;

Charlotte et les cloches de Talloires – Les Éditions du Net, novembre 2020 – pseudonyme : Den Péri ;

Quid du Stress, Quid du Bien-Être – Les Éditions du Net, février 2021 ;

Cet autre moi – Les Éditions du Net, août 2021 ;

Ce qui nous attache à la vie – Les Éditions du Net, octobre 2021.

Préface

Tant d'années déjà que je vis avec toi, Français issu d'un mix ukraino-polonais et que sais-je en fait de cette Ukraine, la terre de tes ancêtres ?

Depuis 2014, à la suite de cette brutale annexion de la Crimée par les Russes, suivie de la guerre du Donbass, nous nous sommes beaucoup intéressés au sort des Ukrainiens en difficulté dans le Donbass où cette guerre avait déjà fait 14 000 morts avant « l'opération spéciale ».

Aider ces populations en collectant des médicaments et des vêtements pour les soldats blessés et des jouets pour les enfants ne m'a rien appris sur l'histoire du peuple ukrainien, sur l'histoire du pays où tes parents sont nés.

J'ai décidé de me documenter, de lire les quelques livres qui se trouvaient dans notre bibliothèque et d'écrire ton histoire. Nous nous sommes aussi mis d'accord pour prévoir de prochaines vacances en Ukraine afin de découvrir un peu plus ces magnifiques paysages, de cette culture ancienne, de l'histoire de ce pays.

Mais voici qu'à peine entamé le projet, cette invasion brutale de février 2022 intervient et ce livre commencé va prendre une tout autre tournure.

J'ai voulu comprendre…

20 février 2022, je commence à écrire.

— On a passé un bon moment avec les enfants ; ça s'est bien passé ; ça fait toujours du bien de les voir. Je regrette tellement de n'avoir pas su te convaincre d'acheter un petit pied-à-terre là-bas pour les voir plus souvent.

— Rappelle-toi que lorsqu'ils se sont installés dans l'est de Paris, tu voulais déjà déménager pour te rapprocher d'eux et que, peu de temps après, ils sont partis en Afrique. D'où l'intérêt de ne pas faire n'importe quoi. On ne peut pas suivre les enfants, chacun fait sa vie.

— OK mais, sans les suivre, se voir plus souvent, c'est quand même bien. On a pu avoir les petits-enfants en vacances jusqu'au début de leur adolescence. C'était super. Mais, subitement, on ne les avait plus. Avoir un pied-à-terre, pas loin de chez eux, nous aurait permis de communiquer davantage.

— De toute façon, on pouvait aller les voir au moins à Noël et il y a toujours eu le téléphone. Et, parfois, les familles trop proches entrent en conflit, ce qui n'arrange pas les choses.

— C'est vrai, la vie est ainsi faite. Certains n'acceptent pas que l'on ait des idées différentes des leurs, que ce soit en matière de religion ou de politique, et s'agressent pour des broutilles. En fait, ce qui est important c'est de s'aimer tels que l'on est. Mais certains ont du mal à accepter que l'on n'ait pas les mêmes opinions, les mêmes pensées qu'eux. Au lieu de peser le pour et le contre de chaque idée, calmement, je dis bien calmement, ce qui pourrait être enrichissant et qui ferait progresser la réflexion de chacun, les uns s'enflamment et entraînent les autres dans un débat conflictuel. La haine apparaît même dans leurs yeux car ils ne supportent pas qu'une personne de la même famille puisse dire le contraire de ce qu'ils pensent.

— Tu as raison, c'est bien pour cela qu'il est préférable d'être éloignés les uns des autres et d'avoir ainsi le plaisir de se retrouver de temps en temps.

— Hum ! L'être humain est désolant. Tu vois, j'ai écrit plusieurs livres pour louer la sagesse mais les gens ne sont pas intéressés. C'est trop angélique. Les gens aiment les conflits, aiment se battre. C'est bien pour cela que le Christ a été flagellé, mis sur la croix. Je ne suis pas parfaite, loin de là, mais je déteste la guerre, les conflits, les gens qui se font du mal par plaisir, les gens qui pourraient être heureux et qui ne sont jamais satisfaits. Les animaux sont bien plus sages, bien plus sympathiques. Ils ne demandent qu'à manger à leur faim. Apaisés, ils dorment et se laissent approcher, caresser. Certains hommes sont envieux, égoïstes, méchants. Je veux bien admettre qu'ils ont pu un jour dans leur vie être frustrés et c'est mon rôle de psy de le comprendre mais pourquoi, face à l'amour, face à l'innocence des enfants, face à la bonté de certains qui ont mieux compris la vie, pourquoi continuent-ils d'être tyranniques, d'être impitoyables, d'avoir un cœur de pierre ?

— L'homme ne peut pas s'en sortir par lui-même, tu le sais bien. Il a besoin d'un modèle. La preuve, tous ces gens qui pleurent lorsque leur idole meurt. Le vrai modèle, je persiste à le dire, c'est le Christ. En le suivant, on ne se trompe pas. On est obligé de réfléchir chaque fois que l'on agit mal. Son modèle et ses paraboles de bon sens nous invitent à réfléchir, à choisir un meilleur chemin.

— C'est exact ! Mais comment empêcher les gens de changer de mentalité ? C'est désespérant !

— Un exemple, aujourd'hui, 21 février 2022, selon les renseignements américains, les troupes russes ont reçu l'ordre d'envahir l'Ukraine. Certains ne le croient pas mais, depuis un certain temps, de nombreuses troupes russes encerclent le nord et l'est de l'Ukraine, on ne peut pas croire que c'est sans arrière-pensée. Aujourd'hui, elle tremble, la terre de mes ancêtres. Aujourd'hui, il pleure, le peuple d'Ukraine.

Pourvu que les Américains se trompent !

La terre de mes ancêtres

— Qu'est-ce que ça représente pour toi, la terre de tes ancêtres ?

— La terre de mes ancêtres, c'est là où mes parents sont nés. Moi, je suis né en France en 1938. Pendant toute mon enfance, j'ai baigné dans une atmosphère à deux visages.

Dans la famille de mon père, il y avait neuf enfants. Mon père était une bouche en trop à nourrir. C'est ce qu'il ressentait et il a décidé, à l'âge de douze ans, en 1920, de partir comme un vagabond, à l'aventure, pour gagner sa propre vie. Il dormait dans les fermes et louait ses services.

— Pourquoi est-il parti ? Il y avait donc tant de misère en Ukraine ? Et pourquoi parles-tu d'une atmosphère à deux visages ?

— En fait, ce n'était pas l'Ukraine à ce moment-là : la région où sont nés mon père et ma mère s'appelait alors la petite Pologne (Malo Polska) et leurs villages étaient situés au sud-est de LVIV, au nord de la ville d'Ukraine appelée aujourd'hui Drogohobych, pour mon père, et à 70 kilomètres à l'est de Lviv, pour ma mère.

— Comment te représentes-tu ton père à cet âge ?

— D'après ce que j'ai perçu, ce devait être un garçon courageux, énergique : le sang ukrainien coulait dans ses veines. Malgré la misère, il était plein de vie. Je pense cela parce que je me souviens de lui comme un père jovial, aimant, généreux, débrouillard, efficace. Il fallait en effet être débrouillard pour trouver des moyens de survie dès son jeune âge.

— Il revenait parfois chez lui ?

— Non.

— Pourquoi ? En fait, tu ne m'as pas répondu : il y avait de la misère dans cette région à cette époque. La région était-elle impactée par la fameuse famine imposée par Staline en Ukraine ?

— Non, les frontières de l'époque étaient bien délimitées. Tout bonnement, il n'y avait pas de travail. Mes grands-parents paternels travaillaient la terre : ils avaient une terre et une petite maison que j'ai visitée avec toi en 1988, tu t'en souviens ? Mais ils n'étaient pas riches. Avec neuf enfants, ça ne devait pas être facile.

— Et quand est-il arrivé en France ?

— Voici ce que j'ai retrouvé : il est né en 1908 et serait arrivé en France à l'âge de 19 ans. Du 31 août 1927 au 6 août 1928, il était à Bollwiller dans le Haut-Rhin, l'arrondissement de Guebwiller, où il a travaillé dans les mines de Potasse.

— Dans les mines de Potasse ! Ce devait être dur !

— Pas le choix quand on est étranger et qu'on ne pratique pas la langue du pays où l'on atterrit !

— Et ensuite, où est-il allé ?

— Il est venu en région parisienne. À un moment donné, beaucoup d'étrangers ont envie d'aller vers ou près de la capitale. C'est comme les jeunes provinciaux.

— Tu sais ce qu'il a fait à Paris ?

— En fait, il est allé à Argenteuil dans le 95 et a exercé le métier de peintre en bâtiment. Tu vois bien, la plupart des étrangers travaillent d'abord dans le bâtiment. Pas besoin de bien parler français dans le bâtiment !

— Et c'est à Argenteuil que ton père a rencontré ta mère ?

— Oui et ils se sont mariés le 23 janvier 1937 et je suis né en mai 1938.

— Et ils se marièrent et ils eurent beaucoup d'enfants !

— Non, tu sais bien que je suis fils unique.

— Oui, je sais, je plaisante.

— En août 1939, ma mère est partie en Pologne pour rendre visite à ses deux sœurs et son petit frère afin de leur apporter une aide matérielle, leur maison ayant été détruite lors de la Première Guerre mondiale.

— Mais, elle n'est pas née en Ukraine ?

— Non, je te l'ai dit, à l'époque, la région où elle est née c'était la « petite Pologne ». Elle est née en 1905 à Sapowa. Cette ville est maintenant en Ukraine.

Elle a dû revenir précipitamment de Pologne en France car mon père l'a alertée : une nouvelle guerre allait « surgir » !

— Donc c'est pour cela que vous n'êtes pas retournés en Pologne ?

— En fait, au sortir de la guerre, en 1945, une grande propagande communiste nous incitait à retourner au pays, soit en Pologne, soit en URSS, les frontières ayant été déplacées vers l'ouest : la « petite Pologne » étant devenue ukrainienne. On verra ensemble plus tard l'histoire de l'Ukraine. Ce n'est pas simple ! Le résultat est que la terre d'origine de mes parents se retrouvait en URSS. Cependant, si la famille de mon père était l'Ukraine, celle de ma mère se retrouvait à la frontière de l'Oder, du côté allemand. C'est pourquoi, à plusieurs reprises, nous sommes allés visiter la famille de ma mère en Pologne.

— Donc, c'est pour cela que pendant des années on n'a pas été en mesure d'aller en URSS pour voir la terre d'Ukraine, là où ton père est né ?

— En fait, on pouvait y aller. On vivait alors l'époque du Rideau de Fer et il fallait avoir une invitation de la famille pour se rendre en URSS ; il y avait des conditions de séjour très strictes. C'était trop compliqué et on n'a pas fait l'effort d'y aller.

Avec mon père et ma mère, après la guerre, nous devions retourner au pays suite à la propagande communiste. Nos valises étaient prêtes, nos passeports étaient prêts. Avec mes copains, j'étais content de partir (les enfants aiment l'aventure). Juste avant le jour du départ, mon père a fait un malaise et s'est retrouvé à l'hôpital. Je suis allé avec ma mère à la Gare de l'Est pour dire au revoir à mes copains et copines. J'avais les larmes aux yeux. Je ne me rendais même pas compte que mes amis étaient embarqués dans des trains à bestiaux (les enfants ont rarement des arrière-pensées fort heureusement pour leur équilibre). Ma mère a demandé à l'une des familles amies de nous envoyer une lettre, lorsqu'ils seraient arrivés, écrivant ce qu'ils voulaient écrire mais en joignant une photo ; s'ils étaient debout sur la photo, cela signifiait que tout allait bien et nous serions partis dès que mon père aurait été rétabli, lors d'un prochain départ organisé. S'ils étaient assis ou allongés sur la photo, on ne partait pas. La photo reçue les montrait allongés.

— Ensuite, on a fait notre vie tous les deux : le travail, élevé des enfants... On a en quelque sorte oublié cette famille.

On n'a pas oublié ta famille de Pologne en tout cas puisqu'on leur envoyait régulièrement des colis et de l'argent.

— C'est vrai, ma mère l'avait toujours fait et on a continué. Mon père est mort trop tôt.

— C'est vrai, j'aurais bien voulu le connaître.

— Lui aussi aurait apprécié de te connaître. Et sans doute que s'il avait vécu nous aurions gardé des contacts avec sa famille.

— Pourtant, un jour, nous avons eu envie d'aller en Ukraine. Comment l'idée nous est venue d'ailleurs ?

— Tu te souviens, déjà nous avons gardé le contact avec le petit frère de ma mère qui vivait en Angleterre. Lui parlait l'Ukrainien et aimait les rencontres avec les clubs ukrainiens. Un certain nombre d'Ukrainiens s'étaient installés en Angleterre, surtout dans le Lincolnshire où il y avait des aciéries, où d'ailleurs mon oncle a travaillé toute sa vie. Nous lui avons rendu visite avec les enfants. Ensuite, en 1988, nous avions projeté d'aller en Pologne visiter la famille de ma mère et nous avons voulu en profiter pour aller jusqu'en URSS pour rendre visite à la famille de mon père et à la terre ukrainienne.

— Cela n'a pas été simple : il fallait respecter un itinéraire, y aller en touriste avec l'organisme « Intourist » et séjourner à l'hôtel trois jours dans un hôtel pour touristes à LVIV.

— Oui, ma famille avait ses racines dans cette région ; il fallait donc un visa d'entrée et, rappelle-toi, pour aller plus loin afin de voir où était née ma mère, il fallait obtenir un autre visa et le Consul nous a déconseillé d'y aller car il y avait quelque chose comme 70 kms pour nous y rendre.

— Oui, je me souviens aussi que ce visa coûtait et que nous avons dû faire du change dans la rue à un Polonais qui en a pris nos dollars contre une liasse de billets (zlotys) et qu'en fait, sous les premiers billets, il y avait de faux billets. On s'était bien fait avoir. C'était fréquent, semblait-il, de se faire arnaquer de cette façon à l'époque, en Pologne. Nous aurions dû faire du change par la voie normale.

— Une chance, j'ai pu voir où était né mon père et faire connaissance avec une partie de ma famille. Auparavant, j'étais allé prendre une carte de l'IGN de Saint-Mandé où travaillait un de mes cousins polonais, afin de bien repérer les villes, les villages et les rues en Ukraine.

— Et nous avions appris quelques mots de Russe et l'alphabet cérylique avec une petite Babouchka qui vivait dans une maison de retraite. Adorable cette petite Babouchka et si cultivée ! Dans sa petite chambre, il y avait à peine la place de circuler autour du lit car il y avait des livres partout.

Quelle épopée, après la frontière Polonaise, nous avons suivi la route qui menait à Lviv jusqu'à un embranchement, sur la droite qui allait vers Drogobytch. Pour cela, nous avons traversé un marché. Les gens s'agglutinaient autour de notre voiture, modèle « Princess » de la British Leyland, verte, très élégante et beaucoup trop belle, voire provocante, pour cette population russe dont les moyens étaient faibles. Ils touchaient notre voiture, nous regardaient comme si nous étions la reine et le roi d'Angleterre. Nous ne nous rendions pas compte à l'époque. Nous n'étions pas riches mais pour ces gens, nous devions ressembler à des oligarques.

— Mais, souviens-toi, avant d'arriver à la frontière de Przemysl, nous n'avions plus d'essence. Il y avait des queues pas possibles dans les stations d'essence. Nous avions des coupons nous permettant de ne pas faire la queue en tant qu'étrangers mais il n'y avait plus d'essence dans la station ; le pompiste nous a conseillé d'aller voir à 30 kms ;

c'était trop loin ; alors nous sommes allés voir un paysan pour prendre du gasoil dans une ferme. Le paysan nous a donné du gasoil contre des dollars et voulait même nous vendre un poste de télé. Épique !

— Et à l'hôtel : j'étais choquée, il y avait trois tarifs : un pour les Polonais, un pour les pays frères et un pour les pays capitalistes. Nous étions des capitalistes !

— Le lendemain, à cinq heures du matin, avant la frontière, une queue pas possible de petites voitures Skoda grises : des Polonais se rendant en Roumanie (sous le régime de N. Ceausescu, où le coût de la vie était moins élevé et le régime chancelant) pour leurs vacances ou faire du commerce, selon ce qu'ils m'ont dit.

— Tu m'as dit : « tant pis, on n'y va pas ». Je voulais y aller. Ces Polonais, se rendant compte que nous allions à la frontière Polono-russe comme je le leur ai expliqué, nous ont laissé passer et, arrivés à la frontière, à sept kilomètres de là, les douaniers se sont installés, tour à tour, dans notre voiture, l'ont fouillée, ont regardé des photos, repartaient un quart d'heure et revenaient sans dire un mot.

— On a donc attendu là trois heures jusqu'au moment où, excédée, j'ai dit, en Anglais, car il fallait jouer le jeu, nous étions des touristes : « Enfin, que cherchez-vous ? »

— Alors, ils nous ont dit : « Vous pouvez y aller ! » J'ai fait comme si je ne comprenais pas la langue. Ouf, nous avons pu prendre la route, nous étions en Ukraine, la terre de mes ancêtres.

— Alors, après avoir traversé le marché, tu te souviens ? On a roulé sur une route en terre battue, plutôt lentement car des canards et des dindons s'y promenaient tranquillement. Nous avions l'impression de retrouver la France cinquante ans plus tôt, à l'après-guerre.

— Puis, à l'entrée du village, j'ai demandé à une dame si elle connaissait la famille X, la mienne, ce à quoi elle m'a répondu « ici, il y a une centaine de personnes qui portent ce nom ; je vous conseille d'aller à la maison de la commune pour avoir cette information ». Je ne voulais surtout pas le faire car je savais que j'avais un itinéraire à suivre et qu'ayant dévié je risquais d'avoir des problèmes. Je lui ai demandé de me donner l'adresse du doyen du village portant le même nom que moi et elle me l'a donnée. Nous y sommes allés et j'ai montré une photo de ma mère et de mon père avec moi étant bébé, sachant que mon père en avait envoyé une à sa famille avant la Deuxième Guerre mondiale.

— De suite, le vieil homme nous a dit d'attendre et est revenu plus ou moins un quart d'heure après avec une dame typiquement caucasienne, une berthe aux grands pieds qui nous a accueillis chaleureusement ; elle nous a accompagnés jusqu'à chez elle et, dans cette maison, nous étions sidérés :

— Nous avons vu un portrait accroché au mur correspondant à la photo que j'avais montrée au vieil homme. C'était très émouvant.

— Là, nous avons commencé à déballer les cadeaux que nous avions apportés, tout comme les Américains venus à la fin de la Seconde Guerre mondiale qui nous apportaient ce que nous ne connaissions pas encore à l'époque.

— La grande dame était une cousine et j'ai pu faire la connaissance d'une sœur de mon père, la seule survivante, 89 ans, ses frères étant morts au cours de la Seconde Guerre mondiale.

— Et puis, ta cousine nous a emmenés dans une autre famille où une montagne de victuailles était amoncelée sur la table : des produits de la ferme, de leurs jardins, et des gâteaux. Nous avons à peine goûté à ces bonnes choses car nous devions repartir et cette famille ne l'avait peut-être pas encore compris.

— Un autre cousin, V., nous a emmenés dans la maison qu'il était en train de construire, presque achevée. Nous avons goûté au champagne local et mangé un gâteau maison. Le cousin V. nous a montré la maison où était né mon père :

— Oui, une petite maison avec un grand poêle en céramique bleue !

— Et j'ai pu voir la terre de mes ancêtres : cette belle terre grasse et fertile d'Ukraine.

— Puis, nous avons dû partir vers Lviv. Un autre cousin nous a guidés vers une route qui n'était pas surveillée par la milice, afin que nous ne risquions pas d'avoir des ennuis.

— Dans le hall d'entrée de l'hôtel pour touristes de Lviv, deux Français nous ont raconté leur aventure : ils s'étaient écartés de leur itinéraire d'environ sept kilomètres et ils avaient été emprisonnés quatre jours. Étudiants à l'université de Marseille, parlant le Russe, ils avaient par chance pu s'expliquer et être libérés.

— En visitant Lviv, cette très belle ville, j'ai été frappée par le fait qu'une petite babouchka priait à l'extérieur d'une cathédrale, un petit bouquet de fleurs à la main. En entrant à l'intérieur, j'étais sidérée : la cathédrale était transformée en musée, avec l'histoire de l'évolution !

— Et sur l'immense place, des hommes étaient réunis et essayaient de déboulonner une statue de Staline. Nous nous posions la question : que sont-ils en train de faire ? Peut-être aurions dû leur poser la question.

Plus tard, il y a eu la chute du mur de Berlin et l'on connaît la suite. C'était la proche fin du Communisme !

— Puis, nous avons eu des échanges de courrier avec ton cousin V.

Puis il est venu avec son épouse et un autre cousin accompagné de son fils en France, dès après la déclaration de l'indépendance de l'Ukraine en 1991. Ils étaient fatigués mais très heureux.

Ils sont partis de chez eux en autocar (1520 kms de Lviv à Paris) ; auparavant, ils avaient dû aller chercher leurs passeports et visas à Moscou, par le train, à plus de mille trois cents kilomètres de chez eux car, même si l'Ukraine était devenue indépendante, administrativement, les citoyens ukrainiens dépendaient encore de Moscou, devenue la Russie mais contrôlant encore l'Ukraine.

— Ils avaient apporté un peu de terre d'Ukraine dans un petit sac afin de la déposer dans le bac à fleurs de la tombe de ma mère. Cela m'a fait très plaisir.

— Ils ont fait connaissance avec notre famille ; ils avaient apporté du champagne d'URSS… Tout le monde était heureux.

— On a fait plein d'emplettes avec eux.

— Ils étaient émerveillés par tous les étalages dans les magasins car, selon la propagande soviétique, l'occident était pauvre et il n'y avait pas grand-chose à acheter.

— En fait, c'était tout le contraire. Tu te souviens lorsque nous sommes allés en Bulgarie, une petite assiette de petites pommes à la vitrine d'un magasin, un petit bouquet de fleurs à la vitrine d'un fleuriste.

— Et ces boutiques toutes grises étaient d'une tristesse !

— Et on ne pouvait pas circuler dans les magasins, il fallait demander ce que nous souhaitions acheter derrière un comptoir tout gris et tout triste !

— Tes cousins avaient envie de tout ce qu'ils voyaient ! Ils sont repartis bien chargés.

— On leur a fait visiter la tour Eiffel et on a fait un tour sur les bateaux-mouches pour leur donner un aperçu de Paris. Les grands classiques !

— Ensuite, nous leur avons envoyé quelques objets par la poste. Cela a plutôt bien fonctionné.

— Oui, le fax et l'appareillage pour mieux entendre. En fait, le cousin n'a pas dû s'en servir. Il a dû les revendre pour se faire un peu d'argent.

— Probablement, c'est sûr.

— Et le cousin est revenu avec un autre cousin de Lviv pour acheter une Lada car chez eux, il avait un long délai pour en acheter une, même d'occasion, et, de plus, il n'y avait pas de pièces détachées pour les autres marques de voiture.

— On avait mis une étiquette sur toutes les Lada rencontrées invitant les propriétaires à nous contacter s'ils voulaient vendre leur véhicule et on a réussi à en trouver deux, une pour chaque cousin.

— Manque de chance, l'une d'elles est tombée en panne en Allemagne, la plus récente et la plus chère d'ailleurs.

— On n'a pas su comment cela s'est terminé. Le problème était de traduire les courriers en alphabet cérylique !

— On a perdu le contact par la suite d'ailleurs !

— En fait, ton cousin t'avait invité au mariage de l'une de ses filles et on n'y est pas allés car on ne pouvait pas demander un congé à ce moment-là. Peut-être ont-ils été vexés ?

— Peut-être.

— Et ton oncle, celui qui vivait en Angleterre et qui est décédé voilà maintenant dix ans ?

— Le frère de ma mère, son petit frère. Il est venu voir ma mère à Paris en 1957, lorsque j'avais dix-sept ans. Mon père venait de mourir. Je l'avais trouvé agréable, très jovial. Il était alors marié avec une Anglaise. Ma mère l'aimait beaucoup. Elle ne l'avait pas revu depuis qu'elle était allée en Pologne, juste avant la Seconde Guerre mondiale.

L'histoire de mon oncle

— Comment ton oncle s'est-il retrouvé en Angleterre ? Il a rencontré une Anglaise ?

— Pas si simple. Toi qui connais la langue anglaise, tu pourras lire l'histoire racontée par Michael Paziuk dans son livre : « Victim of circumstance, a Ukrainian in the Army of the Third Reich », édité par les Éditions Bridge Books, Wrexham, Clwyd, en 1993.

Ce livre, que j'ai retrouvé dans les affaires de mon oncle après son décès en 2012, dédicacé par son auteur Michaël Paziuk, ami de mon oncle, raconte comment il s'est trouvé enrôlé dans l'armée allemande, de force, alors qu'il avait environ 16 ans.

Ayant combattu dans l'armée allemande, à la fin de la Seconde Guerre mondiale, tout comme mon oncle et d'autres, il n'avait pas le choix : retourner en URSS et être fusillé ou déporté ou bien partir avec l'armée anglaise qui se retirait de l'Italie où il se trouvait à ce moment-là et avoir une nouvelle vie là-bas.

— C'est donc pour cela que sa mère, ta grand-mère, a été fusillée dans la forêt proche de son village par les partisans antiallemands, antinazis, qui voulaient savoir où était ton oncle ?

— Oui, hélas, c'est bien cela.

— Toutes ces familles séparées, tous ces morts, toutes ces vies bouleversées par la volonté d'un petit nombre d'ambitieux, de fanatiques, d'hommes imbus de pouvoir et d'argent invoquant de fausses motivations pour justifier leurs actes comme la purification de la race par un malade comme A. Hitler ! Comme si nous n'avions pas assez des petites misères de la vie pour nous empêcher d'apprécier la vie.

Des observateurs s'interrogent

On est en février 2022, l'épouvantable période « COVID » est à peine terminée et voilà que d'autres inquiétudes viennent nous empêcher de respirer.

Depuis un certain temps déjà, les observateurs ont remarqué la présence de chars russes à proximité des frontières ukrainiennes.

Les Russes répondent aux inquiétudes de l'Occident en disant qu'ils ne font que des manœuvres. Bizarre, bizarre ! Il n'y a pas de fumée sans feu a-t-on l'habitude de dire ! Que se trame-t-il ?

Vladimir Poutine, le président russe et Joe Biden, le président américain acceptent un sommet proposé par Emmanuel Macron, le président français alors président du Conseil Européen.

Ils ont accepté de se rencontrer, ils ont accepté le principe de ce sommet et l'Élysée s'en félicite.

La condition est qu'une invasion de l'Ukraine n'ait pas lieu d'ici là alors que, selon les Américains, la guerre semblait imminente.

Cependant, « si la Russie envahit l'Ukraine, le sommet n'aura pas lieu », précise la présidence française de l'Union européenne, ce que confirme le président américain.

Chacun, à l'Ouest, s'engage à « poursuivre la diplomatie », ajoute l'ancienne porte-parole de la Maison-Blanche, Jen Psaki.

Elle ajoute aussi que si une invasion devait cependant avoir lieu, les Américains seraient prêts à infliger des conséquences rapides et sévères, notant au passage que la Russie semble poursuivre des préparatifs pour une attaque à grande échelle, pour bientôt.

Jusque-là, Russie et Ukraine se sont constamment accusées d'être responsables des combats séparatistes prorusses et Ukrainiens ayant lieu depuis huit ans dans l'Est (Donbass).

La présidence, à la fois française et européenne en ce moment, a arraché en apparence une victoire diplomatique en servant de médiateur entre deux anciennes puissances ennemies de la GUERRE FROIDE : la Russie et les États-Unis d'Amérique.

Cette victoire diplomatique s'avèrera-t-elle durable ou éphémère ?

La Biélorussie avait annoncé, le 20 février, que les « exercices » militaires conjoints avec la Russie sur son territoire aux frontières de l'Ukraine se poursuivaient alors que Moscou avait déclaré que ses soldats, se trouvant en Biélorussie pour des manœuvres militaires depuis le 10 février, se retireraient à l'issue de ces exercices.

Les États-Unis, toujours observateurs, annonçaient que trente mille militaires russes se trouvaient en Biélorussie.

Au lieu de se retirer, on a pu constater que Minsk (Biélorussie) et Moscou avaient décidé de « poursuivre l'inspection des forces du fait de la flambée des violences dans l'est de l'Ukraine où les forces de Kiev combattent les séparatistes prorusses ».

On constate à l'évidence que les déclarations faites par V. Poutine à Emmanuel Macron quant à son intention de « retirer ses troupes de la Biélorussie à l'issue des exercices en cours » ne correspondent pas à la réalité.

Les Occidentaux déclarent que les Russes ont installé 150 000 soldats aux frontières de l'Ukraine, en Russie et en Biélorussie, en vue d'une invasion qui semble imminente selon les observateurs américains et européens, selon l'Occident donc.

Moscou déclare qu'il n'a nulle intention d'envahir l'Ukraine mais veut cependant des garanties pour sa sécurité qui devront se traduire par la promesse que l'Ukraine n'intégrera jamais l'OTAN, donc qu'il y aura un terme au renforcement des forces de l'Alliance de l'OTAN à ses portes.

Les Occidentaux, bien entendu, ne sont pas d'accord car l'OTAN n'est pas une force offensive mais une force défensive. L'OTAN n'a pas l'intention d'agresser la Russie.

Pour justifier les tensions actuelles, Vladimir Poutine affirme que l'Alliance transatlantique n'a pas respecté sa promesse de ne pas intégrer de pays d'Europe centrale et orientale dans l'OTAN.

L'OTAN a été instituée à la suite à la Guerre froide et associe aujourd'hui vingt-huit pays européens.

Vladimir Poutine se porte en victime face à « l'agression de l'OTAN ». Or, l'OTAN n'est pas une force d'agression ; elle représente seulement une sécurité nécessaire suite aux énormes conflits qui ont précédé sa création. Voir plus loin un rappel de ce qu'est l'OTAN.

L'interprétation de V. Poutine repose sur un constat qui peut se discuter mais qui ne tient pas compte de l'évolution historique et géopolitique de l'Europe.

Selon V. Poutine, l'Alliance des années 1990 ne devait pas intégrer les anciennes républiques soviétiques. Il s'agissait d'une promesse verbale faite à M. Gorbatchev pour le rassurer, promesse faite alors qu'à la suite de la chute du mur de Berlin en 1989, les uns et les autres s'interrogeaient sur le statut de la future Allemagne réunifiée.

Pour que l'URSS accepte que l'Allemagne intègre l'OTAN, le Secrétaire américain de l'époque a donc assuré que la juridiction militaire de l'OTAN ne s'étendrait pas vers l'Est. L'utilité de ces déclarations, en plus de rassurer M. Gorbatchev, était de ne pas renforcer l'action des opposants au rapprochement avec l'OTAN.

Jean-Sylvestre Mongrenier, chercheur associé à l'Institut Thomas More, précise : « À l'époque, c'était logique ; l'URSS et ses alliances ne s'effondreraient qu'à partir de 1991. L'idée d'élargir l'OTAN à l'Europe centrale et orientale était hors de propos, on parlait uniquement de la RDA. »

À noter que le traité qui est issu des discussions de 1990 n'interdit pas explicitement l'élargissement.

On remarque qu'en 1993, le président américain Bill Clinton a proposé à Boris Eltsine, alors président de la Russie, un « partenariat pour la paix » qui permettrait de garantir la sécurité de l'Europe sans avoir recours à l'OTAN (c'était possible car Boris Eltsine penchait pour la démocratie).

Cependant, en 1999, la Hongrie, la Pologne, la République Tchèque ont accepté d'adhérer à l'OTAN.

Ce serait cette promesse faite à M. Gorbatchev qui donnerait le sentiment à V. Poutine de s'être fait flouer, ce que supposent certains.

Pourquoi cette soudaine excuse ?

Il semblerait que M. Gorbatchev et Eltsine aient souhaité le démantèlement de l'empire soviétique imaginant que la Russie serait intégrée dans la « sécurité européenne », ce qui n'a pas été le cas.

En bref, V. Poutine a voulu faire preuve, en 2000, en arrivant à la tête de la Russie, de tentatives de dialogue avec les Occidentaux, notamment avec la France et l'Allemagne mais, les choses n'ayant pas tourné comme il le souhaitait, il s'est senti « trahi », ce qu'il déclare dans un discours à Munich, justifiant ainsi l'invasion de la Crimée en 2014 : « ils nous ont menti à plusieurs reprises ; ils ont pris des décisions dans notre dos ; ils nous ont mis devant le fait accompli » ; mais il admet que l'OTAN n'a pas usé d'engagement contraignant, sa réaction personnelle étant pour lui un argument moral, selon l'analyse qu'en fait David Teurtrie, Chercheur au Centre de Recherches Europe-Eurasie.

Donc, partant de l'idée de mensonge de la part de l'OTAN, il a rendu crédible son idée d'attaque des alliés américains.

V. Poutine n'admet pas que la Russie n'ait pas son mot à dire quant à la sécurité de l'Europe bâtie après la Guerre Froide, selon l'analyse de Mary Elise Sarotte.

Cette même M.E. Sarotte rappelle que la guerre menée par la Russie en Tchétchénie en 1994 a renforcé les inquiétudes des pays de l'Europe centrale qui ont demandé à intégrer l'OTAN.

C'est pourquoi le secrétaire général de l'OTAN, Jens Stoltenberg, disait, le 10 décembre 2021, lors d'une conférence de presse : « C'est à l'Ukraine de décider de son chemin, du moment et du souhait de devenir membre ou non. »

En outre, ce qui pourrait renforcer cette idée, c'est le fait que la Russie n'a pas respecté ses promesses faites lors du mémorandum de Budapest, signé en 1994, lequel devait garantir l'intégrité territoriale de l'Ukraine, promesse violée par l'annexion de la Crimée par Moscou en 2014, vingt ans après.

Les Occidentaux sont donc en droit de répondre à la Russie, selon David Teurtrie : « Vous dites qu'on a violé un engagement qui n'est présent dans aucun traité mais vous avez signé le mémorandum de Budapest qui garantit l'intégrité territoriale de l'Ukraine. »

D'autres soulignent que, contrairement à ce qu'affirme la Russie, celle-ci n'a pas été exclue des discussions sur la sécurité en Europe après la Guerre froide :

‑ Partenariat pour la paix en 1994,

‑ Acte fondateur sur les relations entre l'OTAN et la Russie en 1997,

‑ Conseil Otan-Russie en 2002…

… par exemple et, selon Jean-Sylvestre Mongrenier, l'élargissement a été négocié.

Cependant, considérant les menaces qui semblent se préparer aux frontières de l'Ukraine, certains, comme Boris Johnson, considèrent que la Russie prépare ce qui pourrait être la plus grande guerre d'Europe depuis 1945 et d'autres, comme la France, appellent leurs ressortissants, dont le séjour en Ukraine n'a pas de motif impérieux, à quitter le pays car la réalité est qu'il y a toujours 150 000 soldats exerçant des manœuvres autour de l'Ukraine.

On constate que V. Poutine pratique ce qu'on appelle la « masquiroska » qui serait l'art de masquer la réalité.

Il serait sur le point de reconnaître l'indépendance des séparatistes de l'Est de l'Ukraine, ce que l'occident ne souhaite pas, ce que l'Ukraine ne souhaite pas.

Il faut rappeler qu'au Donbass, Donetsk et Louhansk se sont déjà autoproclamés indépendants en 2014, soit deux républiques séparatistes, et que la guerre n'a pas cessé dans le Donbass depuis. Le bilan est d'environ 14 000 morts.

La guerre

21 février 2022 au soir

V. Poutine déclare :

« J'ai donné l'ordre à l'armée russe de maintenir la paix dans le Donbass. »

Par cette déclaration, nous comprenons qu'il y a invasion du territoire ukrainien.

Depuis 2014, des soldats russes et des prorusses pratiquaient des offensives envers les Ukrainiens du Donbass qui se défendaient mais aujourd'hui, il s'agit d'une déclaration d'invasion officielle, sans raison valable, sous prétexte d'établir la paix dans un territoire autonome, ce qui est sidérant.

Inutile d'ajouter que la décision russe est immédiatement condamnée par l'ONU à Washington et que des sanctions sont annoncées dans la foulée.

Le président ukrainien, Volodymyr Zelensky, déclare que « les Ukrainiens ne se laisseront pas faire et ne céderont pas une seule parcelle du pays ».

23 février 2022

Les sanctions américaines bloquant deux grandes institutions financières et le gel des avoirs de cinq oligarques russes, ajoutées aux sanctions européennes envers vingt-sept oligarques, n'impressionnent pas V. Poutine.

24 février 2022, premier jour d'invasion

Les forces militaires russes interviennent sur l'Ukraine.

74 installations militaires ukrainiennes sont détruites ainsi que 11 aérodromes, ce qui prouve que l'intervention en Ukraine ne concernait pas seulement les deux républiques autoproclamées dans le Donbass mais qu'il s'agissait d'une agression de l'Ukraine.

Tout était préparé, pensé et les tentatives de négociations, nécessaires pour prévenir la guerre, n'ont pas abouti.

En accord avec la Chine qui a dû le lui demander selon certaines sources, V. Poutine a attendu la fin des Jeux olympiques pour cette invasion et nous aurions pu croire que l'intervention de la diplomatie ferait ses effets mais, c'est penser sans tenir compte des velléités de V. Poutine, de sa soif de vengeance.

Des combats sont menés autour de Tchernobyl et une longue file de chars se dirigent vers Kiev.

À noter que l'armée russe comprend 12 000 chars, 900 000 hommes et un armement important.

Des hélicoptères sont au-dessus de la ville de Kiev. L'espace aérien est libre sur l'Ukraine.

En face, l'Ukraine apparaît désarmée mais….

Kiev impose un couvre-feu à la population afin de les sécuriser la nuit.

En Russie, Plus de 800 civils, manifestant contre la guerre en Ukraine, sont arrêtés avec violence.

Des files de civils se dirigent vers l'Ouest, de Kiev, de Kharkiv… en voiture. C'est l'exode de la population ukrainienne qui commence.

La France appelle au retour vers la France des ressortissants français mais cela est difficile car il n'y a plus de possibilité aérienne.

De nouvelles sanctions sont annoncées par les forces de l'OTAN.

Les forces de l'OTAN des adhérents, aux frontières de l'Ukraine, sont renforcées.

Le président Macron annonce, d'ores et déjà, aux Français qu'il y aura des conséquences graves pour l'Europe qui est à un tournant de son histoire.

Nuit du 24 au 25 février 2022

Des sanctions sont décidées par un Conseil européen sur quatre volets : financier, énergétique, aérien et technologique :

– Accès coupé aux principaux marchés de capitaux : 70 % du marché bancaire russe et entreprises publiques « clé » notamment dans le domaine de la défense,

– Interdiction d'exportation du pétrole russe,

– Interdiction de vente de tous avions, pièces détachées et équipements aux compagnies aériennes russes,

– Accès limité aux technologies cruciales comme les semi-conducteurs ou des technologies de pointe.

La France a annoncé que les sanctions françaises accompagneraient les sanctions européennes et qu'elles viseraient aussi « les biens personnels de personnalités ».

Boris Johnson déclare : « Poutine ne pourra jamais se laver les mains du sang de l'Ukraine. »

« Le Canada sanctionne 58 entités russes », annonce Justin Trudeau, le Premier ministre, en plus d'autres sanctions sévères ciblant des membres de l'élite russe, des grandes banques russes et des membres du Conseil de sécurité russe. Ils cessent l'obtention de tous les permis d'exportation pour la Russie, estimant que l'invasion de l'Ukraine représente « une immense menace pour la sécurité et la paix dans le monde. »

Le Japon, en la personne du ministre Fumio Kishida, a également annoncé de nouvelles sanctions :

– Gel des avoirs de personnalités et organisations russes,

– Stop à la délivrance de visas à divers ressortissants russes.

Des sanctions visent également la Biélorussie qui est « complice de l'offensive russe ».

Le résultat de cette guerre aura un impact évident sur les prix du pétrole, du blé et de l'aluminium qui déjà s'envolent, atteignant des records historiques.

Les bourses s'effondrent précise le journal *Le Monde* : le prix du baril de pétrole a franchi les 100 dollars, prix jamais connu depuis 2014.

25 février 2022, 2ᵉ jour de guerre

Les forces de Moscou ont attaqué l'aéroport militaire d'Antonov, à Gostomel, aux portes de Kiev.

Volodymyr Zelensky, le président ukrainien, regrette que Kiev se retrouve seule face à l'armée russe qui progresse vers la capitale.

Il ne veut pas quitter Kiev et annonce une mobilisation générale.

Des rassemblements contre la guerre ont lieu à Moscou et à Saint-Pétersbourg et près de 1400 personnes ont été arrêtées sur l'ensemble du territoire russe, les manifestations étant interdites.

L'armée ukrainienne aurait détruit deux engins russes en vol.

Des frappes ont fait des morts et des blessés dans une unité de gardes-frontières, dans la région de Zaporijjia.

Les forces russes ont envahi le site de Tchernobyl et ceci pourrait déclencher « une catastrophe » car les forces russes présentes « n'ont absolument aucune idée de la façon de contrôler ce site », entend-on dire.

Le président E. Macron demande à V. Poutine l'arrêt des combats sur la demande du président ukrainien, V. Zelensky, qui souhaite discuter avec lui.

Cette demande ne produit aucun effet.

Le président E. Macron déclare que l'Europe n'est pas seulement un marché de consommateurs mais une puissance qui doit penser à son indépendance énergétique, à sa transition climatique, à sa défense, qui doit être capable de protéger ses frontières, de protéger ses citoyens et de se projeter vers ses alliés.

Elle doit avoir une souveraineté technologique entre autres…

Une aide économique de 1, 2 milliards d'euros a été accordée à l'Ukraine par l'U.E. et la France contribuera à cet effort avec : 300 millions d'euros et la livraison de matériel militaire et de soutien à la population.

On apprend que la Russie serait prête à discuter mais quelles sont exactement ses exigences à ce jour ?

La prise de Tchernobyl selon les spécialistes ne serait qu'une prise symbolique probablement pour faire pression.

On note que déjà un million de personnes auraient quitté l'Ukraine pour se réfugier en Pologne.

Du 25 au 26 février

Nuit de tirs et de raids aériens sur Kiev.

Les Russes attaquent, sans état d'âme, les civils et de fausses informations annoncent que le président ukrainien s'est rendu.

En fait, Volodymyr Zelensky fait une annonce, dès le matin, pour dire que c'est faux et qu'il faut continuer la défense : il invite à résister, à se battre pour sauver l'Ukraine.

Des assauts se font sur tous les fronts annoncent les journalistes : au Donbass, à Kiev, à Kharkiv…

26 février 2022, 3ᵉ jour de guerre

En plus, des militaires « saboteurs » se mêlent à cette horrible offensive.

Les gens fuient à pied, en voiture, par train. La plupart arrivent en Pologne dans des familles ou des centres temporaires. La Pologne peut accueillir jusqu'à un million de réfugiés. Beaucoup repartent de Pologne pour rejoindre leur pays d'origine (Afrique…) ou leur famille déjà expatriée.

L'armée russe est sans pitié et une guerre sanglante se déroule sous les yeux du monde entier, à la seule initiative d'un « fou » osent affirmer certains. D'autres diront que c'est un paranoïaque pas si fou mais machiavélique.

Pendant ce temps, en France, c'est l'ouverture du Salon de l'Agriculture. E. Macron, fatigué mais toujours présent, est présent pour l'inauguration et il fait un discours sur son plan de résilience en cours. Il ne restera que deux heures laissant la place à son Premier ministre Jean Casteix.

Des questions se posent : va-t-on vers une autre guerre usante sur la durée ? Va-t-on vers une Guerre Froide ? L'OTAN va se déployer tout autour des frontières dans les pays des adhérents afin de défendre ces limites.

27 février 2022, quatrième jour de guerre

Depuis le début de la guerre, il y aurait environ 200 morts côté ukrainien. Selon une journaliste ukrainienne, il y a beaucoup de sabotage dans les rues de Kiev ; des parachutistes déguisés s'y attèlent. Changement de tactique de l'armée russe.

Les civils sont touchés contrairement aux promesses de V. Poutine de ne pas le faire.

Des gens du peuple, sans expérience militaire, font la queue pour s'inscrire dans le cadre de la Défense territoriale.

Le président V. Zelensky appelle à continuer la résistance ukrainienne. « On ne déposera pas les armes », dit-il.

Nous le découvrons courageux, confiant, face à un V. Poutine tendu, stressé, au regard méchant, complètement irréaliste, taxé d'être paranoïaque…

Un déploiement de 500 soldats français s'installe aux frontières de pays alliés de l'OTAN.

Les Ukrainiens comptent sur les partenaires occidentaux pour lutter contre la désinformation russe.

Certains souhaitent que V. Poutine soit jugé par le Tribunal de La Haye pour crime de guerre.

Au soir du 26 février, après 72 heures de guerre, la Russie aurait l'intention de nucléariser la Biélorussie.

Parallèlement, elle annonce un élargissement de son offensive, notamment envoyant un renfort en hommes Tchétchènes. Sept pistes de combat déjà lancées : trois vers Kiev, une vers Kharkiv et d'autres vers le sud.

L'Armée russe possède des équipements très modernes mais des moyens plus anciens ; elle est composée de professionnels et de non-professionnels. La question se pose de savoir si les sanctions mises en place sont à même de donner des résultats positifs pour l'arrêt de cette guerre.

28 février 2022, cinquième jour de guerre

Les combats s'intensifient contre les bâtiments civils, à Kiev et Kharkiv…

La plupart des civils, les plus vulnérables, vivent dans les caves ou y descendent à chaque alerte.

D'autres surveillent les individus russes qui se font passer pour des Ukrainiens afin d'épier les lieux.

D'autres effectuent des contrôles aux frontières étrangères. Les hommes de 18 à 60 ans sont mobilisés et ne peuvent pas partir avec leurs familles. Les étudiants étrangers devront repartir vers leurs pays.

Selon un ancien du KGB, V. Poutine ira jusqu'au bout (?). Il aurait un cancer. Il aurait une logique similaire à celle d'Hitler ; Surprenant quand on considère qu'il attaque en voulant supprimer les « nazis » qui dirigent l'Ukraine. Pure invention. Excuse pour se donner bonne conscience !

En attendant, des gens innocents souffrent de froid, de blessures, de manque d'approvisionnement et pleurent sur leurs morts.

On peut saluer l'accueil qui est réservé à ceux qui franchissent les frontières.

Selon France 2, plus de sept millions de personnes seraient en exode (vers l'Étranger ou vers des villes plus sûres…).

À Donetsk, des Russes prennent des photos de prisonniers ukrainiens, le but étant d'inciter les autres ukrainiens à se démobiliser.

La Cour Internationale de Justice est saisie par Volodymyr Zelensky.

L'Union européenne renforce ses mesures de sanction et finance l'achat d'équipements pour les Ukrainiens, ceci ajouté aux participations individuelles de plusieurs états européens. Le problème est que l'acheminement ne peut se faire que par la route.

La fermeture des espaces aériens, pour l'aviation russe, par la plupart des états européens, par les USA et le Canada devrait isoler la Russie et conduire l'économie russe à de grandes difficultés. Les temps de vol vers l'Asie vont être allongés automatiquement.

Il y aura désormais une exclusion quasi totale du réseau SWIFT à la Russie.

La banque Centrale Russe devrait être bloquée, ce qui va faire chuter le cours du rouble.

Des discussions devraient avoir lieu entre Ukrainiens et Russes à la frontière avec la Biélorussie.

Cependant, la présidence russe ne semble vouloir que discuter mais non négocier et la présidence ukrainienne ne capitulera pas.

En attendant, les ressortissants français ont été invités à rester chez eux alors qu'ils aimeraient maintenant fuir.

V. Poutine est-il isolé maintenant du reste du monde ? Restent avec lui :

− Son ministre de la Défense,

− Le président biélorusse, Alex Loukachenko,

− Quelques oligarques ayant des intérêts communs.

À noter qu'il s'est arrangé pour rester au pouvoir jusqu'à 2036.

Il y a des rassemblements antiguerres presque partout dans le monde, partout où règne la démocratie.

V. Poutine annonce mettre en alerte la force de dissuasion russe qui peut comprendre une composante nucléaire.

V. Poutine « fabrique » des menaces inacceptables selon Joe Biden.

Kiev accuse Moscou de génocide devant la Cour Internationale de Justice.

Les médias russes TO-DAY et SPUTNIK vont être bannis de l'U.E., selon la Présidence de l'Union européenne.

À ce jour, plus de 5000 manifestants antiguerres russes ont été arrêtés.

Au soir du 27 février, on compte 352 morts ukrainiens civils, dont 16 enfants et plus de mille blessés.

29 février 2022, 6ᵉ jour de combat

L'Ukraine résiste toujours.

Les médias français analysent toujours les déclarations menaçantes de V. Poutine et les enjeux de chacun.

Le Conseil des 27 de l'U.E. est sollicité pour l'entrée de l'Ukraine dans l'U.E.

Personnellement, nous envoyons un message pour le Patriarche de Moscou à la Cathédrale Orthodoxe de Paris afin qu'elle use de son influence pacifique sur V. Poutine (cathedrale.russe@gmail.com). Des amis nous font remarquer que les orthodoxes dépendent de Moscou et ne feront sûrement rien : coup d'épée dans l'eau à nouveau.

29 février 2022, soir

Nombreux morts dans Kharkiv, ancienne capitale ukrainienne.

V. Poutine exige la reconnaissance de la Crimée et la « dénazification » de l'Ukraine et interdit les compagnies aériennes de 36 pays, brandissant l'arme nucléaire.

E. Macron a appelé V. Poutine et lui a parlé pendant une heure et demie.

Des représentants des présidences ukrainiennes et russes se sont rencontrés en limite de Biélorussie pour présenter leurs exigences : V. Poutine souhaite que l'on reconnaisse la Crimée en tant que territoire russe ainsi que le Donbass. V. Zelensky souhaite un cessez-le-feu et ne lâche rien.

V. Zelensky demande à rentrer dans l'U.E.

Des discours au sein des Nations Unies continuent pour la défense de la souveraineté du peuple ukrainien et l'accès de l'aide humanitaire.

E. Macron continue d'utiliser la voie diplomatique pour obtenir un cessez-le-feu et des couloirs humanitaires notamment.

On compte 352 morts ukrainiens et 2040 blessés au 6ᵉ jour de cette guerre.

1ᵉʳ mars 2022, 7ᵉ jour de combat

Bruno Lemaire, Ministre de l'Économie française annonce qu'il y aura un « effondrement total » de l'économie russe provoqué par l'Ouest en représailles aux agressions russes.

Cette déclaration n'est pas appréciée de tous les interlocuteurs politiques jugeant qu'elle représente un impact négatif pour la diplomatie.

Cette nuit, la place centrale de la ville Kharkiv a été bombardée. Bilan : au moins dix morts adultes et seize enfants.

Un village, près de Kiev, est complètement détruit par des bombardements tous azimuts.

Une colonne de soixante chars s'approche de Kiev.

C'est un véritable état de guerre qui s'installe partout en Ukraine.

V. Poutine n'en a rien à faire de ses « frères » ukrainiens, ces « petits russes » insignifiants ayant un gouvernement « nazi » qu'il faut faire disparaître.

Il projette ses intentions, ses comportements, ses sentiments, sa propre nature de vrai nazi sur les autres, des innocents qui n'aspirent qu'à la liberté, à la paix. Celui qui a un comportement « nazi » c'est bien lui et non ce courageux président, d'origine juive d'ailleurs.

Qui agresse, qui annexe, qui tue, qui massacre femmes et enfants ? Qui envoie ses jeunes troupes pour les combattre et se faire tuer ? V. Poutine ou Volodymyr Zelensky ?

Peut-on d'ailleurs imaginer un juif nazi ?

Il attaque des civils alors qu'il avait dit qu'il ne le ferait pas. Il envoie des missiles non ciblés alors qu'il sait parfaitement les dégâts que cela peut produire sur les civils. Il se comporte en monstre sanguinaire, provoque un véritable génocide et se trouve toujours des excuses invraisemblables pour se justifier, accusant les autres de ce qu'il fait ou a l'intention de faire. Soit il se voile la face soit il est un robot sans cœur. Il ment et accuse les autres de mentir. Il fait bénir ses armées avant de les envoyer à la boucherie. Sa soif de vengeance est sans limites. Sa rage finira par le faire imploser à moins qu'il soit de marbre.

La riposte de l'ouest pacifique se doit donc d'être sans limites, les tentatives de négociations étant bafouées.

Ses actes ne peuvent pas rester impunis. La Cour Internationale de Justice ouvre d'ailleurs un dossier pour crime de guerre.

Nous devons prier pour que l'enquête ouverte ne le reste pas plusieurs années. Pour qu'elle soit rapide et efficace. Il y a suffisamment de preuves à charge pour qu'il soit sévèrement jugé.

Pourquoi d'ailleurs ces montres de l'histoire ont-ils pu se prévaloir d'une immunité leur permettant de détruire, de trafiquer, de faire saigner le monde, d'imposer leurs caprices, leurs ignominies en toute impunité ?

Pourquoi le monde entier souffre-t-il à cause des actes, des décisions d'un seul homme ?

Le fait d'être élu président d'un état ne devrait pas permettre à celui ou celle à qui un peuple a voulu faire confiance de dévier d'une trajectoire, d'adopter des comportements déviants, de bafouer la justice ?

Pourquoi l'entourage de ce genre d'individu a-t-il peur ? Peur de se faire enfermer, peur de se faire tuer ou peur de perdre des intérêts obtenus suite à une certaine complicité malsaine ?

Les Russes disent qu'ils continueront leur offensive jusqu'à ce que leurs objectifs soient atteints. Pourquoi vouloir les obtenir par la ruse (Donbass) ou par la violence ?

La diplomatie, les échanges sur un fond de paix qui ont été compris par les Occidentaux, après bien des conflits c'est certain, ne pourraient-ils pas être un modèle à suivre plutôt qu'un motif d'envie, de jalousie ?

Face à ces comportements irresponsables, il n'est pas étonnant de voir la grande majorité des membres présents, lors d'une réunion des Nations Unies à Genève, quitter la salle lorsque M. Lavrov, ministre des Affaires étrangères russe, s'exprime. Nations Unis, textuellement cela signifie bien « nations unies dans un même but » qui en l'occurrence devrait être **la paix**. On ne peut pas se réunir avec quelqu'un qui veut la guerre !

Le président Zelensky s'exprime d'un lieu isolé devant le Parlement Européen de Bruxelles. Il demande son acceptation auprès de l'Union européenne. « Ne nous lâchez pas ! » dit-il désespérément. Il ajoute que toutes les places d'Ukraine seront appelées « place de la liberté » car il veut se persuader que les Ukrainiens gagneront cette liberté en danger actuellement. Les Ukrainiens continuent de se battre alors que toutes les grandes villes d'Ukraine sont progressivement bloquées par l'Armée Russe.

D'autres pays limitrophes demandent leur adhésion à l'Europe : la Moldavie, la Géorgie. À noter que la Transnistrie proche est occupée par des prorusses.

Il faut rappeler qu'adhérer à l'Europe n'est pas si simple et nécessite un processus compliqué avec des exigences, notamment :

– Pas de corruption dans le pays,

– Pas de conflits,

– Certaines autres conditions sur le plan économique entre autres…

Cinq cents millions d'euros sont débloqués par l'U.E. pour l'aide humanitaire. La France débloque cent millions d'euros.

Les gens partent en laissant tout chez eux, sans savoir ce qu'ils retrouveront.

Déjà, un million de personnes se sont déplacées à l'interne vers les régions plus sécurisées et six cent soixante mille vers l'extérieur.

Il est 13 heures. La ville de Kiev encerclée reste calme. Combien de temps va-t-elle tenir ?

Il y a deux millions huit cent mille habitants à Kiev.

La Russie est un État terroriste entend-on dire ça et là. Le mot n'est pas trop fort.

Barak Obama, l'ancien président des États-Unis, accuse la Russie rappelant que depuis Maidan, il y a eu 14 000 morts en Ukraine dans le Donbass sans compter les morts à Grozny en Tchétchénie, à Alep en Syrie, en Afghanistan, en Géorgie…

V. Pécresse, candidate à la présidentielle de France déclare :

« On a besoin de nous organiser pour faire régner la paix en Europe. »

« Il faut continuer à croire qu'il fera beau quand il pleut », disait Aragon, nous rappelle Fabien Roussel, représentant des communistes français. Belle parole d'espérance mais qui nous rappelle aussi les dégâts causés dans l'Est notamment par les soviétiques lors de la dernière guerre mondiale et encore bien avant lors de l'Holodomor, cette grande famine qui eut lieu en RSS ukrainienne et dans le Kouban en URSS, entre 1932 et 1933, et qui fit, selon les estimations des historiens, environ 5 millions de morts.

Aujourd'hui, 10 morts dans le centre-ville de Kiev.

Les villes de Kharkiv, Marioupol, Kiev, Kherson sont de plus en plus touchées.

Les médias RT (Russia Today) et Sputnik sont désormais interdits en U.E.

À 22 h 30, 677 000 réfugiés ukrainiens sont arrivés à l'extérieur des frontières.

2 mars 2022, 8ᵉ jour de guerre

À Kharkiv, on voit une université qui brûle. Les Russes continuent à envoyer des roquettes à défragmentation (dangereuses car elles détruisent tous azimuts).

Bonne nouvelle, la tour de TV de Kiev ayant été attaquée par des missiles n'est pas complètement endommagée et la TV fonctionne encore.

Les Ukrainiens résistent toujours à Kiev.

Malheureusement, la ville de Kherson est prise. Les maisons détruites, des femmes sont tuées. D'autres accouchent dans les caves, une famille entière, tentant de quitter la ville, a été abattue, témoigne une native de cette ville, Inna Chevtchenko, militante féministe ukrainienne vivant en France.

Il s'agit d'un véritable génocide : les civils sont visés.

Cette militante dit que « ce pays a commis le péché d'indépendance » car les Ukrainiens ont une grande volonté d'indépendance, de liberté.

Elle ajoute que V. Poutine veut ainsi menacer l'ordre mondial.

Elle conclut que tout le monde doit prendre ses responsabilités.

Elle accuse l'Ouest d'avoir traité avec V. Poutine en tant que partenaire sans qu'il ait été sanctionné pour « tout ce qu'il a fait depuis 2014 ». Elle accuse l'Europe d'être responsable de la situation en Ukraine.

On ne peut pas lui donner tort. Les Occidentaux n'ont pas réagi et il se sent libre d'aller toujours plus loin ! L'occident n'a pas voulu voir les signes qu'envoyait l'Ukraine depuis plusieurs années.

La population russe en général n'est pas complètement mobilisée contre la guerre. Il n'y a que quelques « anti-guerre » dans une population de cent cinquante millions d'habitants.

Encore une fois, le président Zelensky est d'origine juive et V. Poutine l'accuse d'être un nazi. Il s'avère que c'est lui qui se comporte en nazi.

Cette activiste est réfugiée en France depuis 2013.

À 14 h 30, on note que la colonne de chars russes se dirigeant vers Kiev ne progresse pas (problèmes de carburant, de pannes techniques ou pénurie alimentaires pour les soldats russes semble-t-il).

La question se pose : Kiev va-t-elle subir le même sort que Kharkiv ?

Volodymyr Zelensky, c'est un fait, est la première cible de V. Poutine.

Près de la Tour de TV ciblée où l'on déplore cinq morts, il faut le rappeler, 35 000 juifs ont été tués lors de la dernière guerre mondiale. Ce lieu est un symbole et un mémorial du génocide juif s'y trouve.

Le commandant Lavrov, proche de Poutine, excédé par les sanctions, indique « une troisième guerre mondiale serait nucléaire et destructive ».

Les sanctions, on le rappelle, sont mises en place parce que les efforts diplomatiques déployés par les dirigeants européens et les alliés de l'OTAN n'ont pas abouti.

Depuis le début de l'agression, on compte plus de deux mille morts parmi les civils et la capitale ukrainienne se prépare au pire.

Les civils continuent de fuir par train.

Le président de la Biélorusse, V. Loukachenko, allié de Poutine, aide les Russes dans leurs stratégies d'agression. À noter que V. Poutine a une préférence pour lancer sur place les soldats biélorusses plutôt que les soldats russes, afin probablement de préserver son image auprès de la population russe.

À noter que selon divers experts, le risque d'élargissement de l'agression n'est pas exclu.

Le rappel de la demande V. Poutine en décembre 2021 était : que l'OTAN se retire de ses frontières et que l'Ukraine s'engage à ne pas adhérer à l'OTAN.

Les pourparlers venant d'avoir lieu à la frontière biélorusse entre Russes et Ukrainiens équivalaient à une demande de capitulation de l'Ukraine alors que l'Ukraine demandait un cessez-le-feu.

En attendant, E. Macron continue ses interventions diplomatiques auprès de V. Poutine réclamant entre autres qu'un couloir d'accès à l'humanitaire et un cessez-le-feu soit mis en place.

Il semblerait que l'intention de V. poutine soit de réinstaller un oligarque extrémiste de droite, Yanoukevich, à Kiev pour remplacer V. Zelensky. Aux dernières élections, l'extrême droite n'a réalisé qu'un score de 2 % alors que pour V. Zelensky, le score était de 73 %.

Cependant, les Russes le considèrent comme un guignol suite à la propagande du gouvernement russe.

V. Zelensky réitère sa volonté qui est de ne pas partir et de ne pas capituler. Il a choisi de rester et de défendre sa patrie.

Voici les déclarations essentielles d'Emmanuel Macron, au cours d'une conférence de presse adressée aux Français :

« Le président Poutine a choisi la guerre. La Russie n'est pas agressée. Elle est agresseur. »

« Je n'ai et n'aurai qu'une boussole : vous protéger. »

« Les jours qui viennent seront vraisemblablement de plus en plus durs. »

« J'ai choisi de rester en contact avec le président Poutine. »

« Ni la France, ni l'Europe, ni l'Ukraine n'ont voulu cette guerre. Nous avons au contraire tout fait pour l'éviter. »

« La France prendra sa part en ce qui concerne les réfugiés ukrainiens. »

« Je salue ce soir le courage du peuple ukrainien qui résiste sous le feu des armes. »

« 900 000 civils ukrainiens se sont engagés dans cette guerre, donc nous leur donnons des équipements pour se protéger (gilets pare-balles...). »

« Des réponses adaptées seront apportées aux perturbations des flux commerciaux et de la montée des prix. »

« Cette guerre va aussi perturber notre vie démocratique et la campagne qui s'ouvre officiellement à la fin de cette semaine. »

« Cette campagne permettra un débat démocratique important pour la nation mais ne nous empêchera pas de nous réunir sur l'essentiel. »

Sur un ton solennel, il parle d'un changement d'époque où la démocratie est remise en cause.

Dernières informations de ce jour sur l'Ukraine :

Plusieurs bombardements dans la ville de Kiev depuis 20 h. Notamment, une explosion très puissante près de la gare alors que de nombreuses familles tentaient de prendre un train en direction de Lviv pour se rapprocher de la Pologne. Cette explosion a interrompu un système de chauffage.

Il semble que les Américains aient demandé à la Chine d'intercéder auprès de V. Poutine qui a certains appuis de la Chine.

V. Poutine continue sa politique de terreur auprès des habitants obligés de descendre constamment dans les caves où il fait froid. Toujours pas de cessez-le-feu. Les destructions continuent.

Le conflit s'intensifie et « le pire est devant nous » selon les spécialistes car la guerre va durer longtemps.

3 mars 2022, 9ᵉ jour de guerre

Les gens ont peur de l'arme nucléaire et certains se précipitent dans les pharmacies pour acheter et faire des réserves d'iode.

Y a-t-il une réelle menace. V. Poutine va-t-il réellement utiliser l'arme nucléaire ?

S'il le fait, il y aura riposte et il ne souhaite probablement pas que Moscou soit détruite.

Plusieurs pays demandent toujours leur adhésion à l'OTAN et il est certain que l'Europe plus que jamais doit devenir plus puissante et renforcer l'armement.

Les pourparlers se poursuivent mais Poutine semble ne rien vouloir lâcher de ses ambitions. Il joue mal car :

– Il renforce ainsi l'image de V. Zelensky,

– Il renforce l'unité de l'OTAN et de l'U.E.

« Le pire devant nous », cela signifie aussi que l'Europe ne parvient pas à trouver une solution, selon Constantin Sigov, universitaire ukrainien.

« Il faut regarder la réalité en face. »

Il y a eu, ces dernières heures, violation de l'espace aérien sur la Suède, entre autres...

Ne rien faire est-ce possible devant tout ce qui se passe ?

V. Zelensky se félicite d'avoir « cassé les plans de l'ennemi ».
C. Sigov dit qu'il faut aller plus loin (il est interviewé d'une cave de Kiev).

On assiste à des élans de solidarité du monde entier – des Canadiens notamment où il y a beaucoup d'Ukrainiens – où de plus en plus de personnes veulent aller aider les Ukrainiens d'une façon ou d'une autre.

Ce massacre humain émeut tout le monde : un peuple agressé qui a seulement voulu avoir son indépendance, sa liberté et qui l'avait obtenue depuis trente ans.

En face, une armée russe d'un million d'hommes.

D'après un ancien du KGB, V. Poutine aurait un niveau intellectuel moyen, serait dangereux certes mais pas fou comme on pourrait le penser.

Selon le parti du Gouvernement en place en France, lorsque Lavrov accuse l'occident de « penser » à la guerre nucléaire ou lorsque ce même gouvernement accuse les Ukrainiens et l'occident de toutes sortes de mensonges, qu'ils sont les premiers à pratiquer, ou lorsqu'il dément des faits évidents, des crimes de guerre répétés, en menaçant, il est préférable de ne pas répondre à ce genre de menaces.

Par exemple, dans le Donbass, c'est un fait, des Ukrainiens ont tiré et tirent sur des prorusses et des Russes mais, la réalité est qu'ils se défendent. Ce sont les Ukrainiens qui sont attaqués sur leur territoire !

Lorsqu'il dit qu'une troisième guerre mondiale est dans l'esprit des Occidentaux et qu'une attaque contre Moscou est programmée : pur délire !

La ville de Kherson est prise par les Russes. Les gens sont terrés chez eux.

L'armée russe continue d'envahir le Sud autour de la mer Noire.

Les troupes russes accentuent les frappes sur Marioupol où une maternelle est rasée. Bilan : 42 morts.

À Odessa, la population ukrainienne se prépare à faire face. Des points de contrôle sont improvisés pour s'assurer qu'il n'y a pas d'espions.

La banlieue de Kiev est pilonnée.

Il semble aussi que V. Poutine veuille conquérir l'est du Dniepr où se trouvent toutes les richesses :
- Eau,
- Centrales électriques,
- Terres à blé,
- Minerais,
- Points stratégiques...

Sans oublier de dominer toute l'Ukraine en y installant à sa tête une marionnette prorusse.

Lors d'une discussion, E. Macron aurait dit à V. Poutine quelque chose comme : « sois tu te racontes des histoires, soit tu cherches à envahir l'Ukraine ».

Une semaine après le début de l'attaque, les bombardements se poursuivent dans les grandes villes telles :
- Kherson, déjà prise,
- Kharkiv, ancienne capitale de l'Ukraine,
- Marioupol (en prenant cette ville, les Russes s'assureraient une continuité territoriale entre la Crimée et les territoires séparatistes du Donbass).

Les Russes sont-ils prêts à envisager une guérilla dans la durée ?

Parallèlement à ces bombardements, des pourparlers sont toujours en cours pour un cessez-le-feu. Pour quels résultats ?

La Suède, la Finlande (qui se définissent comme « non alignés ») et la Moldavie demandent toujours leur adhésion à l'OTAN.

Le ministère des Affaires étrangères russe a annoncé sur Twitter qu'une adhésion de la Finlande à l'OTAN aurait de « lourdes conséquences politiques et militaires ».

La Finlande doit-elle prendre cette menace au sérieux ? (Sa frontière avec la Russie est de 1300 kms).

Une chroniqueuse du Figaro estime que le défi lancé à V. Poutine représente une menace mortelle pour l'Europe. On objectif ne se limiterait pas à l'Ukraine, niée en tant que nation, en tant que peuple, en tant qu'État, qui est cependant un pays souverain, démocratique de quarante-trois millions d'habitants.

Un conflit militaire sans précédent en résulterait. Il viserait à la reconstitution de l'empire soviétique.

À Tchernihiv, deux écoles sont complètement détruites. Il y a 33 morts.

V. Poutine déclare que tout se déroule selon « le plan prévu ».

Les douanes françaises saisissent un Yacht de 86 m de long, véritable palace flottant d'une valeur de cent vingt millions de dollars.

On annonce que plus de 500 entités russes seront progressivement touchées par les sanctions.

La centrale nucléaire de Zaporijjia est occupée par les troupes russes. Des tirs très précis l'ont visée. Un incendie s'est déclenché dans cette centrale, la plus grande d'Europe. Tchernobyl se répète.

Fort heureusement, la centrale fonctionne car les éléments essentiels n'ont pas été visés. Cette centrale produit 20 % de la production électrique de l'Ukraine, soit le quart de ses besoins. Elle date de 1985 et les Russes la connaissent bien. 51 % de l'électricité provient du nucléaire. Il y a 75 réacteurs dans le pays.

V. Poutine pratique la terreur nucléaire.

4 mars 2022, 10ᵉ jour de guerre

La sécurité de la centrale nucléaire de Zaporijjia est désormais garantie (incendie stoppé à 6 h du matin).

Cependant, la centrale est désormais sous contrôle russe.

Les habitants se protègent contre d'éventuelles radiations en prenant de l'iode.

À Marioupol, les habitants sont privés de gaz et d'électricité. Ils ont froid.

Les habitants de Zaporijia hésitent à quitter leur ville car il y a environ 1000 kms pour rejoindre la frontière polonaise.

Igor Delanoë, directeur adjoint de l'Observatoire français russe dit que les gens en Russie n'approuvent pas cette agression ; cependant, il n'y a pas de manifestations de masse.

La France est la seule recommandant à ses ressortissants de quitter la Russie à ce jour.

Il y a toujours des explosions à Kiev.

Les Ukrainiens résistent et installent des barrages au niveau des accès vers le centre-ville et des hommes armés sont prêts à agir. Ils contrôlent toutes les arrivées. Les habitants mettent et transportent des sacs de sable dans des caddies et déposent le sable dans les différentes artères.

700 000 Ukrainiens ont déjà franchi la frontière vers la Pologne. Il y a 150 nationalités : principalement des Ukrainiens mais aussi des Pakistanais, des Algériens, des Marocains, des Africains...

E. Macron annonce sa candidature à la présidence de la République française par le biais de la presse écrite. Cette lettre est commentée à la TV. Cette forme de candidature est contestée par certains. Elle a pourtant déjà été pratiquée, ne serait-ce que par le président Mitterrand.

À Boutcha, des véhicules russes sont détruits. Tous les Ukrainiens prennent les armes et s'activent.

Des hommes accompagnent leur famille à la frontière et retournent sur le front.

La Pologne demande 20 à 30 000 soldats pour protéger la frontière.

Tous les frais médicaux sont gratuits pour les réfugiés.

V. Zelensky accuse Poutine de vouloir répéter Tchernobyl en prenant la centrale de Zaporijjia.

Il dit que jamais dans l'histoire la « terreur nucléaire n'a été pratiquée ». Cette terreur est qualifiée de crime de guerre.

C'est grâce aux pompiers ukrainiens que l'incendie a été maîtrisé.

Le patriotisme des Ukrainiens est de plus en plus renforcé par l'action des Russes.

Les négociateurs ukrainiens/russes se sont mis d'accord pour libérer des couloirs humanitaires.

À Odessa, c'est plutôt tranquille aujourd'hui mais les Ukrainiens se préparent tous en vue d'une éventuelle attaque des soldats russes.

Les approvisionnements en nourriture baissent.

Pour l'eau, les habitants sont équipés de filtres.

Jens Stoltenberg, Secrétaire Général de l'OTAN exprime son soutien à l'Ukraine.

Il rappelle que l'OTAN souhaite que les troupes russes quittent l'Ukraine afin que des pourparlers diplomatiques s'engagent.

Il admire le courage des Ukrainiens qui sont courageux et forts. Les alliés de l'OTAN se doivent de les aider avec des équipements et des entraînements militaires.

Sur le plan humanitaire, face à la souffrance humaine, face au courage de ce peuple, l'OTAN va augmenter son soutien et continuer à sanctionner la Russie.

Cependant, pour préserver la paix et éviter des conséquences plus graves, il n'y aura pas d'intervention des forces de l'OTAN sur terre et dans les airs.

À noter que l'armée russe utilise des armes à sous-munition qui permettent des frappes beaucoup plus larges, lesquelles terrorisent les populations.

V. Zelensky s'adresse au peuple russe rappelant qu'en 1986 Ukrainiens et Russes ont lutté ensemble après la catastrophe de Tchernobyl.

Il les appelle à lutter ensemble.

V. Poutine argue du fait que ses actions sont pour défendre le peuple russe et qu'il n'a pas de mauvaises intentions envers eux. Il n'agit ainsi que par rapport à des « gestes inamicaux ».

Il n'a pas non plus de mauvaises intentions envers les pays voisins, ce qui laisse supposer que l'Ukraine n'est pas un pays voisin mais un territoire qui lui appartient et qui doit plier.

Le Kremlin (Dimitri Peskov) appelle le peuple russe à s'unir autour de V. Poutine. Il précise « ce n'est pas le moment de se diviser, c'est le moment de s'unir autour du président... »

Des réfugiés de longue date à l'Ouest retournent vers l'Ukraine pour défendre leurs frères.

15 h : des frappes aériennes s'intensifient au-dessus de Kiev.

Gérard Depardieu, le nouveau russe déclare à la Russie, sa nouvelle patrie : « Arrêtez les armes et négociez. » Peine perdue.

Le président Zelensky serait directement menacé par les troupes Tchétchènes et des mercenaires du groupe Wagner, rapporte le quotidien britannique « The Times ». Déjà trois tentatives d'assassinat auraient échoué.

Autre information intéressante : d'après le « New York Times » qui cite une source du Pentagone, les soldats russes ont commencé à se rendre ou à saboter leurs propres véhicules. Certains refuseraient de se battre. Des convois entiers auraient rendu les armes, confrontés à une résistance ukrainienne plus vive, à un manque de carburant et d'un faible entraînement des troupes. Des officiers auraient donné l'ordre de détruire les véhicules et de se rendre sans opposer de résistance ?

L'une des colonnes blindées faisant route vers Kiev notamment.

Cependant, 80 % des troupes russes ont désormais pris part aux combats.

Le chiffre de 498 militaires russes morts dans l'exercice de leurs fonctions est annoncé par le ministre de la Défense russe.

L'Ukraine garantit aux mères russes de soldats russes, capturés par les Ukrainiens, la possibilité de venir les chercher en passant par un check-point précis.

Le Pt Zelensky affirme que le moral de l'ennemi se dégrade et salue les civils héroïques de son camp.

V. Poutine a bloqué Facebook et Twitter en Russie et annonce 15ans de prison pour toute diffusion « mensongère » concernant son armée.

5 mars 2022, onzième jour de combat

Il y a tensions à Kiev et lassitude des habitants.

La ville de Marioupol est encerclée mais un cessez-le-feu jusqu'à 15 h devrait permettre l'évacuation de civils.

À Odessa, les civils se mobilisent et installent des sacs de sable aux entrées de la ville comme à Kiev.

V. Zelensky déclare que si l'Ukraine tombe, toute l'Europe tombera. Il regrette qu'on ne lui permette pas d'avoir des avions pour lutter contre l'aviation russe.

Il s'adresse au Sénat américain par visioconférence.

Il y a des manifestations massives en Géorgie, en France dans diverses grandes villes, en Italie (à Rome notamment).

À 13 h, on entend que la promesse de cessez-le-feu à Marioupol n'a pas été tenue.

Poutine continue le déroulement de sa guerre déclenchée par surprise et qu'il pensait gagner facilement mais en face 400 000 soldats ukrainiens étaient déjà entraînés dans le Donbass.

La stratégie de Poutine dans le sud est la prise des villes portuaires sur la mer Noire afin que les Ukrainiens ne puissent plus recevoir de ravitaillement par cette voie.

Selon les interviews réalisés sur « C-news », il y a trois canaux diplomatiques qu'il faut réussir à maintenir :
− Couloirs humanitaires,
− Échanges d'information,
− Dialogues.

À noter que des oligarques ont osé remettre en cause la décision de V. Poutine suite aux gels d'avoirs. Ils auraient déjà perdu plus de 100 milliards d'euros en quelques jours.

Cependant, les Maldives sont devenues un point de chute pour beaucoup de leurs navires.

Pendant ce temps, les élections présidentielles se préparent en France et les opposants ne manquent pas de critiquer le président en place.

Feront-ils mieux s'ils sont élus ? Seront-ils plus aptes à gérer les crises ? C'est ce qu'ils veulent nous faire croire. Ils disent tous pouvoir faire mieux. La critique est facile mais l'art est difficile. Il faut être aux commandes pour le savoir. Douze candidats sont en piste.

Le peuple ne demande qu'à écouter les propositions, les projets. Il est capable de comparer et d'analyser les plus et les moins de chacun. Critiquer n'est pas une attitude positive. C'est lorsque l'on est face à la réalité que l'on peut mieux juger des mesures à mettre en place.

En Ukraine, malgré pertes et destructions, la résistance redouble d'efforts. Le Pt Zelensky est toujours aux commandes, fidèle à ses engagements : résister, encourager l'Ukraine à résister.

Le « New York Times » critique vivement l'implication de la Biélorussie dans cette guerre « déplorée ».

La Russie tente de freiner l'exode des entreprises étrangères.

Suite à la récente loi russe menaçant de sanctions pour toute diffusion d'informations « mensongères sur l'armée russe », de plus en plus de médias occidentaux suspendent leur couverture depuis la Russie.

Les troupes n'hésitent pas à tirer sur des journalistes. Reporters Sans Frontière a saisi la Cour pénale internationale (CPI) après la frappe russe sur la tour de télévision de Kiev le 1er Mars. L'association qualifie cet acte de crime de guerre. Elle précise que depuis le début de cette agression le 24 février, l'armée russe a bombardé délibérément plusieurs antennes de télévision. Au moins trois autres tours de radiotélévision ont été ciblées par les bombardements à Karsten, Lysytchansk et Kharkiv et deux antennes ont stoppé leurs émissions après que les militaires russes en ont pris le contrôle : à Melitopol et à Kherson.

Tous ces actes sont des « crimes de guerre » lancés par V. Poutine contre le droit à l'information.

Si l'opinion ne peut pas être informée de ce qui se passe réellement, c'est très grave. On sait déjà que les Russes ne reçoivent pas les vraies informations.

39 états de la CPI, créée en 2002 avec pour siège La Haye, donnent le feu vert pour lancer l'ouverture immédiate d'une enquête sur la situation en Ukraine où sont perpétrés des crimes de guerre.

Marioupol, ville d'un demi-million d'habitants, est encerclée : plus d'eau potable, plus d'électricité, plus d'essence…

Des centaines de personnes sont allées dans la rue pour partir. De Zaporijia, la route devait être libre mais les Russes disent que les Ukrainiens refusent de partir. En fait, comment partir si la route n'est pas libre ?

À Kiev, les Russes avancent doucement ; ils sont à 12 kilomètres de la capitale.

V. Zelensky confirme que si l'Ukraine tombe toute l'U.E. tombera. Il accuse notre faiblesse, notre désunion.

La Russie s'est assuré la maîtrise de l'aérien en détruisant dès le début les bases aériennes ukrainiennes. V. Zelensky réclame des avions à l'OTAN. Si l'OTAN envoie des avions, il y aura affrontement direct entre OTAN et Russie d'où déclenchement d'une guerre mondiale.

Des manifestations antiguerres s'organisent partout.

La Géorgie se sent proche de l'Ukraine et des gens de l'Ossétie Sud témoignent de ce qu'ils ont vécu avec la Russie, lorsqu'elle a pratiqué l'annexion de l'Ossétie du Sud. Ils vivent la hantise du retour des troupes russes.

6 mars 2022, 12e jours de combat

Les bombardements continuent sur l'Ukraine, sur les zones militaires et sur les zones d'habitation dans les quartiers, en pleine nuit.

De longues files d'attente de civils qui veulent être conscrits afin de défendre leur pays.

Russes et Ukrainiens doivent encore se réunir demain mais la paix n'est toujours pas au programme.

Les rues de la place maïdan sont toujours désertes mais la menace avance, à l'est comme à l'ouest de Kiev.

Déjà des civils russes quittent leur pays. Une simple présence sur la place rouge pour contester calmement contre la guerre vaut la prison. Plus de mille personnes sont emprisonnées à ce jour.

Les systèmes de paiement VISA et MASTERCARD stoppent le réseau de services en Russie : les Russes à l'étranger ne pourront plus utiliser ces cartes pour retirer de l'argent.

Une société comme IKEA a cessé toute activité en Russie.

À ce jour : 2500 réfugiés en France ; 20 000 en Allemagne, 120 000 reçus en Moldavie.

Ce soir, la situation change à Kiev. Une armée arrive du côté est pour continuer d'encercler Kiev.

À Irpin, tout près de Kiev, dans la banlieue de Kiev, les bombardements font rage et des journalistes de BFMTV ont échappé de près à une forte explosion. Ils ont dû faire demi-tour.

Des gens partent à pied et sont exposés à de violentes rafales à tout moment.

L'encerclement complet risque de durer plusieurs jours.

Le général J. P. Paloméros, ancien chef d'état-major de l'Armée de l'Air commente les faits :

La machine soviétique est lente mais continue malgré la résistance. Nous vivons un moment historique.

Il ne voit pas ce qui pourrait faire changer V. Poutine.

À propos des avions, la mission de l'OTAN est la préservation collective des pays adhérents. Donner des avions ? Il faudrait qu'ils soient pilotés par des Ukrainiens. Il faudrait qu'ils décollent d'où ? De Pologne ? Comment assister l'Ukraine si l'on ne veut pas entrer dans une guerre plus large ? Les Russes ont la maîtrise de l'espace aérien mais ne sont pas partout.

Aucune des sanctions déjà mises en place contre la Russie n'a jusqu'à présent eu d'influence sur la volonté de V. Poutine.

La Russie subit cependant un effondrement économique total et des manifestations s'installent mais les forces russes interpellent quiconque se trouve dans la rue pour inspecter son portable afin de découvrir une conversation qui serait contre le gouvernement…

La ville de Kiev est silencieuse. Les gens descendent régulièrement dans les caves, lors des alertes. À noter que Kiev est le berceau de l'orthodoxie avec plusieurs cathédrales orthodoxes russes ce qui laisse à penser que Poutine hésitera à les détruire. Cependant, plus de vingt alarmes par jour font craindre une invasion de la ville à tout moment. Pour le moment, il n'y a pas de pénurie et la logistique fonctionne, grâce à l'aide humanitaire notamment. Le maire de Kiev, interviewé, précise que sa responsabilité est de prendre soin de ses concitoyens.

Il y a trois millions cinq cent mille habitants à Kiev. Beaucoup de femmes et enfants sont déjà partis. Il reste aujourd'hui encore deux millions de personnes à Kiev.

Le Maire rappelle que l'Ukraine est un pays pacifique et que la situation est très incertaine.

L'ambition de V. Poutine est démesurée et apporte « la tragédie partout ».

Il incite l'U.E. à rester unie avec eux pour gagner ce défi : « La clé de la réussite, c'est l'unité. »

« L'objectif des Ukrainiens est de faire partie de la famille européenne ; les Ukrainiens ne veulent pas revenir vers l'empire soviétique dont ils ont souffert. » Le Maire se dit prêt à donner sa vie pour son pays.

Des rails de chemin de fer sont détruits à Irpin, ce qui empêche les gens de prendre les trains.

En Ukraine, une loi martiale a été votée selon laquelle tous les hommes de 18 à 60 ans sont mobilisables et ne doivent pas quitter le pays.

Marioupol est désormais sous contrôle des Russes.

Tchernihiv, à l'Est, sera la prochaine ville ciblée.

La flotte russe contrôle la mer Noire.

E. Macron qui a des échanges réguliers avec V. Poutine insiste sur le fait qu'il faut respecter le droit humanitaire mais V. Poutine dit qu'il en va de la responsabilité des Ukrainiens (!).

Israël demande à V. Poutine de mettre fin à cette guerre. V. Poutine ne veut pas entrer dans quelque accord que ce soit.

Des Biélorusses manifestent contre la guerre.

7 mars 2022, 13ᵉ jour de combat

Sur BFMTV, Bruno Lemaire, le Ministre français de l'Économie, s'exprime sur les sanctions, leur importance, leur impact, les possibilités d'en appliquer de nouvelles en fonction de leur efficacité pour aboutir à des négociations.

Il précise que les États-Unis ne se trouvent pas dans la même situation que les États européens car les Américains sont autonomes au niveau des énergies, ce qui n'est pas le cas des États européens qui dépendent plus ou moins, suivant les états, des énergies russes.

Il y a des incertitudes, sur les impacts des sanctions, liées aux décisions de V. Poutine et des Chinois, c'est pourquoi il prépare différents scénarios d'action qui devront répondre à ces décisions.

Il pense que nous devons avoir une approche globale de cette crise et rappelle qu'aucun pays européen n'a fait autant d'efforts pour répondre aux problèmes des citoyens par rapport aux augmentations du prix des énergies.

Les responsables des États Européens vont se réunir pour faire le point cette semaine.

E. Macron demande toujours le droit d'obtenir des couloirs humanitaires et la réponse, ce matin a été la création de couloirs humanitaires permettant aux Ukrainiens de se rendre soit en Russie, soit en Biélorussie, V. Poutine affirmant qu'il répond ainsi à une demande d'E. Macron !

V. Poutine, l'agresseur, veut ainsi se montrer le protecteur des Ukrainiens menacés par ses troupes en les invitant à venir en Russie. On croit rêver ! Choix de se faire tuer ou d'être otage !

E. Macron pointe le cynisme moral et politique de V. Poutine.

Hier, un convoi humanitaire à Irpin a été attaqué nous dit-on ce matin.

Les civils fuient vers l'Ouest.

Les blessés sont évacués en catastrophe.

À Ouman, dans le Sud de Kiev, des Ukrainiens arrivent de toutes les villes espérant que les Russes ne vont pas bombarder leurs voitures où se trouvent femmes et enfants.

Un avion russe a été abattu par un missile solaire en dessous de Kharkiv.

À Kiev, d'autres personnes préfèrent rester dans les métros pour se protéger, ne voulant pas quitter leur ville encerclée par les troupes russes ; la ville d'Irpin, proche de Kiev, est aussi bombardée sans relâche. Pour l'instant, la logistique fonctionne bien grâce à l'aide humanitaire. Le maire de Kiev, interrogé, affirme que sa responsabilité est de prendre soin de ses concitoyens. Il rappelle Que l'Ukraine est un pays pacifique et que la situation est très incertaine. « L'ambition de V. Poutine est démesurée et apporte la tragédie partout. » Il nous invite à rester unis avec eux pour gagner ce défi. « L'unité c'est la clé », dit-il. L'objectif des Ukrainiens est de « faire partie de la famille européenne » et ils ne veulent pas revenir vers l'Empire soviétique dont ils ont souffert. Il est prêt à donner sa vie pour son pays.

Odessa, dernier port ukrainien (non pris) sur la mer Noire : des missiles russes sont tombés en face, de l'autre côté du golfe.

Marioupol est toujours encerclée.

Des habitants préfèrent partir à pied car les six couloirs humanitaires, où des bus sont proposés, les amèneraient vers la Russie ou la Biélorussie.

Un million cinq cent mille personnes ont déjà franchi la frontière vers la Pologne.

Des pompiers français s'y trouvent pour aider.

Air France envoie 2 500 000 doses d'iode pour prévoir un éventuel problème nucléaire, ainsi que des médicaments.

La solidarité en France s'organise un peu partout. Notamment, un boulanger de Besançon a organisé un convoi de 24 camions avec 50 volontaires qui part vers la Pologne, chargé de vivres, vêtements et autres (580 m3) pour venir en aide aux réfugiés. La Croix Rouge Internationale prendra le relais.

8 mars, 14ᵉ jour de guerre

À Soumy, une attaque a fait 21 morts parmi les civils.

À Poltava, où il y avait eu plusieurs centaines de morts en 2014, un convoi humanitaire a permis à 22 bus d'arriver.

D'après le Pentagone, 2000 à 4000 soldats russes seraient déjà morts à ce jour. Difficile d'avoir des chiffres. De jeunes soldats russes racontent qu'on leur avait dit qu'ils partaient en manœuvre et qu'ils ont découvert ensuite qu'il s'agissait d'une guerre. Les officiers auraient été prévenus une semaine seulement avant l'assaut.

En Tchétchénie, il y a des manifestations contre le fait qu'on les utilise pour tuer les Ukrainiens.

On compte deux millions de réfugiés ukrainiens à ce jour.

9 mars, 15ᵉ jour de guerre

Cette nuit, à Jytomyr, il y a eu de nombreux bombardements.

Cet après-midi, un hôpital pédiatrique de Marioupol a été détruit par les bombardements : 17 blessés ; les enfants non touchés sont terrorisés.

Neuf Français sur dix sont inquiets et 68 % craignent un débordement.

Le président Macron négocie toujours avec V. Poutine pour un cessez-le-feu et l'organisation de couloirs humanitaires pour l'évacuation des civils. Un sondage en France fait monter sa cote à 60 % de Français qui le jugent à la hauteur et lui accorderait 33 % de voix au 1ᵉʳ tour de la prochaine élection présidentielle.

Des citoyens russes partent vers la Finlande afin de fuir la Russie. Ils sont choqués par cette guerre en Ukraine. V. Poutine dit qu'il n'hésitera pas à fermer cette liaison ferroviaire (Saint-Pétersbourg/Helsinki), s'il le faut.

L'entraide humanitaire continue et on apprend que des hôpitaux et pharmaciens de la région de Lyon ont envoyé des médicaments.

Sur BFMTV, l'ambassadeur de Russie en France est interviewé. Pour lui, la situation est triste et il précise que « cela dure depuis une centaine d'années et que cela fait trente ans que les Russes gardent le silence » (?). Il ne souhaite pas une guerre nucléaire et pense que personne ne la souhaite. À propos du gaz russe, il dit que les Russes s'acquittent de leurs engagements et que si l'U.E. met en pratique ses sanctions, ce sera « l'affaire de Bruxelles » (Demain, il y aura le sommet des 27 en Europe). Il dit que le président Macron est un interlocuteur « sérieux » du président Poutine et évoque le rôle positif de la France en Géorgie.

En bref, de cet entretien, il ressort que les Russes auraient la volonté de négocier sans dévoiler leurs cartes, qu'il y a un refus de voir la réalité (on n'a pas le droit d'en parler), et que le président Macron est reconnu en tant qu'interlocuteur.

Ce constat « nier la réalité » apparaît évidemment comme « immoral » à un jeune Ukrainien interviewé.

« Ce qui s'est passé n'a rien à voir avec les actions de l'armée russe, dit l'ambassadeur, l'essentiel c'est d'épargner des vies. »

« Ils mentent, ils savent que nous savons qu'ils mentent mais ils continuent de mentir », dit une écrivaine ukrainienne, maître de conférences à l'INALCO. Il y a un immense décalage entre la réalité et la façon dont des responsables russes l'interprètent. Ils continuent de parler de « dénazification » pour justifier leur action et le peuple russe est conditionné par cette propagande fausse.

On pourrait ne plus leur donner la parole mais il est intéressant de savoir comment ils interprètent la réalité. Le constat est fait qu'ils pratiquent une politique de terreur bien rodée en ciblant directement les civils, en bombardant hôpitaux, écoles…

Les dernières sanctions annoncent le blocage de trois autres banques russes et 160 autres oligarques russes qui voient leurs biens gelés. Un navire bloqué à La Ciotat, un à Hambourg, un jet privé en Grande-Bretagne… Coupure des liens commerciaux avec la Russie annoncée par 300 grandes entreprises comme L'Oréal ou Vuitton.

Demain, l'U.E. prendra des décisions en ce qui concerne le gaz et le pétrole.

Les jeunes Russes connectés sur les réseaux sociaux sont probablement informés mais les populations non connectées continuent d'être influencées par la propagande des médias russes et nient la réalité.

Des journalistes interrogent les jeunes soldats russes arrêtés, montrant leur peur... et diffusent les interviews afin de faire réagir leurs mères en Russie.

Pendant ce temps, les habitants d'Irvin, ville en ruine, continuent de fuir.

Cependant, les troupes russes progressent plus difficilement que prévu.

À l'ouest de l'Ukraine, l'hôpital de Drogobytch reçoit de nombreux blessés. Les soldats disent qu'ils comptent bien retourner sur les fronts dès qu'ils seront remis d'aplomb.

Un gros souci : les balises de surveillance n'émettent plus de signaux à Tchernobyl et ce sont les Russes qui contrôlent la centrale.

10 mars 2022, seizième jour de guerre

Les bombardements continuent à Jytomyr.

L'ancienne capitale Kharkiv continue d'être bombardée ; 170 civils ont été tués depuis le début des tirs sur cette ville.

À Irpin, ville de 60 000 habitants, un pont a été détruit pour empêcher les troupes russes d'avancer. Il fait très froid (-12°) et il n'y a ni eau, ni électricité, ni gaz, plus rien dans les supermarchés ; beaucoup d'immeubles sont bombardés. Même le maire a pris les armes pour défendre sa ville.

Les Ukrainiens résistent.

V. Poutine a probablement surévalué la puissance de ses troupes et sous-estimé celle des Ukrainiens, considérant que l'Ukraine « n'existait pas ».

La logistique chez les Russes ne suit pas. Le ministre de la Défense russe est très ami avec V. Poutine mais ce n'est pas un militaire. C'est Geracimos, le Chef d'État-Major, qui est le vrai militaire. De plus, c'est la pire période de l'année pour combattre sur terre considérant neige, boue, froid.

Aujourd'hui, les 27 se réunissent pour deux jours afin de prendre des décisions notamment en ce qui concerne les demandes d'adhésion à l'U.E. et la fourniture d'avions à partir de la Pologne.

On compte environ 7250 réfugiés ukrainiens en France à ce jour. On estime qu'environ 100 000 réfugiés pourraient arriver en France. Il y en a déjà 1 204 403 en Pologne qui accueille le plus grand nombre, 191 348 en Hongrie et de nombreux autres dans les pays frontaliers.

À propos de l'hôpital pédiatrique de Marioupol bombardé, les Russes disent qu'il s'agissait d'une base militaire pour se donner bonne conscience. En attendant, trois personnes, dont une fillette, sont mortes.

Le président Zelensky constate que ceci est une preuve du génocide ukrainien qui se poursuit et fait appel aux Européens : « Il y a crime de guerre. »

Le Gouvernement russe accuse les États-Unis et l'Ukraine d'avoir des armes biologiques, ce qui est faux et laisse penser que V. Poutine, qui a déjà utilisé ces armes en Syrie, se prépare à en utiliser sur l'Ukraine.

Sergeï Lavrov, le ministre des Affaires étrangères russe, déclare que ce qui se passe continuera jusqu'à ce que l'Ukraine se rende. Il juge dangereuses les livraisons d'armes qui sont faites à l'Ukraine. Bien entendu, le président Zelensky refuse de se rendre.

Des pourparlers ont eu lieu en Turquie pour qu'une pression soit faite sur V. Poutine afin d'obtenir un « cessez-le-feu » mais rien à ce jour dans ce sens.

Suite aux premiers débats des 27 à Versailles, il n'y aurait pas d'issue à court terme selon E. Macron pour un cessez-le-feu. Il se dit bouleversé par les images de femmes et d'enfants touchés. Il est pessimiste, inquiet : « C'est un acte de guerre indigne et amoral. »

Ce Sommet ressemble à un Conseil de guerre.

Poutine dit continuer la livraison de gaz à l'Ukraine.

Les Américains ne sont pas d'accord pour que la Pologne fournisse des avions à l'Ukraine.

Les Ukrainiens s'attendent à une attaque massive sur Kiev dans les jours qui viennent. Il faut se préparer à tout, continuer d'obtenir un cessez-le-feu...

11 mars, 17ᵉ jour de guerre

Depuis 12 jours, le port de Marioupol est dévasté, bombardé sans relâche. Les soldats se mettent à l'abri. Il faut les soigner dans l'urgence.

La ville de Skybyn, à l'Ouest, a été bombardée.

Les bombardements sont proches des couloirs humanitaires.

Autour de Kiev, les troupes avancent très lentement. De plus en plus de check-points sont organisés à l'entrée de la ville.

À Irpin, la ville se vide progressivement, elle est encerclée. Le couloir humanitaire est toujours visé...

À Lviv, dans les hôpitaux, les enfants de différentes parties d'Ukraine sont transférés pour être soignés.

Des maires ukrainiens ont été kidnappés, à Melitopol notamment, et V. Zelensky demande qu'ils soient relâchés. Il dénonce un crime contre la démocratie.

Les voisins de l'Ukraine, la Suède, la Finlande, les États baltes, la Géorgie, la Moldavie notamment craignent tous d'être envahis. En Moldavie, la province de Transnistrie est déjà sous influence russe.

Les ventes d'armes et de munitions se multiplient.

Les Russes semblent vouloir que les Ukrainiens n'aient plus le choix et brandissent le drapeau blanc pour négocier.

Cependant, déjà 300 chars russes ont été détruits par les forces ukrainiennes et il y a plusieurs milliers de morts russes. Le monde presque entier est contre cette guerre et certains pensent que la Russie a déjà perdu cette guerre ne serait-ce que par l'image qu'elle offre.

Le fait que V. Poutine ne puisse pas conquérir l'Ukraine aussi vite qu'il le prévoyait le rend imprévisible car on ne sait pas comment il va réagir : chaque jour, il fait bombarder les villes, les habitations des civils et on se demande s'il pourrait ou non utiliser les armes chimiques ce qui obligerait l'OTAN à réagir.

Pour le moment, la force des forces russes c'est son artillerie composée de lance-roquettes multiples mais leurs camions à chenille et autres tractés avancent lentement.

La question se pose : les bombardements d'écoles, d'hôpitaux... doivent-ils ou non être considérés comme crimes de guerre ? On ne sait pas si les bombes sont volontaires ou sont des erreurs de cibles.

Une Responsable de la Recherche experte d'une Association de Kharkiv témoigne : à Kharkiv, il y a des combats au nord et à l'est qui continuent. Il n'y a plus de chauffage pour beaucoup d'habitants et la température est à moins 17°. L'aide médicale est difficile à cause des moyens de transport. La ville manque de nourriture.

La menace principale : les bombardements aériens.

Les Ukrainiens demandent que les vols au-dessus de l'Ukraine soient interdits.

De leur côté, les Russes nient les bombardements mais les gens qui fuient en voiture faute d'autres moyens prennent des risques.

Le Sommet des 27 à Versailles annonce un possible volet de sanctions répétant le message : « nous ne sommes pas en guerre », sorte de justification pour ne pas pouvoir aider davantage les Ukrainiens en leur fournissant des avions, en les aidant à libérer l'espace aérien. La Pologne n'a pas été en mesure pour cela de donner ses avions à l'Ukraine.

À ce jour, deux millions cinq cent mille Ukrainiens se sont déjà déplacés dont un million cinq cent mille en Pologne et un peu plus de dix mille en France. Les Ukrainiens qui ont de la famille hors d'Ukraine cherchent à rejoindre leurs proches.

Certains intellectuels russes, arrivant à Istanbul où des manifestants manifestent contre la guerre, interrogés disent : « Nous pensions vivre en Russie et nous nous sommes réveillés en Union soviétique. »

12 mars 2022, 18ᵉ jour de guerre

Les bombardements continuent de terroriser les civils. On compte environ 1300 Ukrainiens victimes civils touchés et plus de 2 millions de réfugiés.

V. Poutine accuse les Ukrainiens d'être responsables des morts des civils.

Yavoriv, une base militaire ukrainienne située à 20 kms de la frontière polonaise, au nord de Lviv, a reçu une frappe aérienne ; bilan : 35 morts et 135 blessés.

Lviv, ville d'art et d'histoire, reconnue au Patrimoine Mondial de l'Humanité, essaie de protéger ses monuments et de garer les œuvres d'art, se préparant à une invasion. Il y a un important musée à protéger. Un couvre-feu est institué à partir de 22 h mais dès 20 h il n'y a plus personne dans les rues.

À Mykolaïv, au sud, toujours sous les bombardements, un supermarché a reçu une frappe et il y a des dizaines de blessés et 9 morts, toujours des civils. Des files de voitures quittent la ville vers Odessa.

Les Russes disent que ce seraient des aviateurs de la Crimée, en partenariat avec d'autres pays (?), qui auraient provoqué le bombardement. Le Kremlin décide que les convois d'armes seront désormais considérés comme des cibles militaires.

Odessa se barricade et s'organise pour lutter contre une avancée de la flotte russe.

Mais l'Armée russe est-elle un « colosse aux pieds d'argile » ?

J.Y. Le Drian, ministre des Affaires Étrangères en France, pense que le pire est devant nous. Personne ne veut être en guerre contre la Russie mais tous veulent soutenir l'Ukraine !

Israël tente de se poser en médiateur entre les Russes et les Ukrainiens. Ils pratiquent une importante aide humanitaire. 2000 réfugiés juifs ukrainiens sont arrivés en Israël. Le nombre sera limité à 25 000.

La Chine et la Russie ont signé un accord pour un second gazoduc. Le commerce entre les deux pays fonctionne bien et la Chine aide la Russie à faire face aux sanctions imposées par l'occident.

En Finlande, une centrale vient d'être inaugurée (fournie par AREVA – France). Elle fournira 14 % de leurs besoins, ce qui la rendra un peu moins dépendante de la Russie.

Des manifestations antiguerres en Russie sont sévèrement réprimées. Déjà près de 15 000 arrestations d'opposants à la guerre. Dimitri Tolstoï, à Paris, gare de l'est où il y a une exposition photographique en ce moment, évoque son grand-père Léon Tolstoï qui a écrit « Guerre et Paix » : « Il a fui les bolchéviques, l'histoire se répète… »

Des Russes fuient vers l'Arménie, la Géorgie…

La propagande y est très forte et de nombreux médias indépendants sont fermés. Les réseaux sociaux sont difficilement accessibles si bien que la population est désinformée. On dit au peuple que l'Occident veut détruire la Russie.

Pendant ce temps, un pianiste ukrainien, habitant du sud de Kiev, joue du piano dans sa maison en ruine, forme de résistance symbole.

Des soldats protègent Odessa, ville de culture.

Les zones d'action dans le sud des troupes russes, en ce moment, sont : Zaporijia, Mykolaïv, Marioupol.

Sur l'Ouest, il y a de fortes pressions pour faire entrer la Biélorussie en guerre afin d'entraver l'aide qui arrive de l'U.E.

Les oligarques commencent à ressentir le poids des sanctions.

Une quatrième vague de sanctions va être appliquée.

13 mars 2022, 19e jour de guerre

2180 morts rien qu'à Marioupol, à ce jour. 14 médecins de « Médecins sans frontières » sont toujours présents mais la situation s'aggrave : il n'y a presque plus de médicaments. Les habitants sont coupés du monde sans téléphone ni internet. Le dernier supermarché a été détruit. Il n'y a plus d'eau ni d'électricité ni de chauffage.

160 voitures ont pu quitter la ville aujourd'hui.

Marioupol est une ville symbole : elle n'a jamais accepté de passer du côté russe mais pourquoi vouloir la détruire ? V. Poutine voudrait donner une leçon à cette, ville, protégée, défendue ? V. Poutine veut se venger ?

Russes et Ukrainiens devraient se parler en visioconférence, a priori mercredi vers 14 h, heure de Paris. Le problème est que « cessez-le-feu » pour V. Poutine signifie « capitulation ».

À noter que des milliers de touristes russes sont bloqués en Thaïlande suite aux sanctions mises en place.

À Mikolaïv, une seule route permet de sortir de la ville. Ce sont principalement des civils qui sont touchés. Dès la nuit, les combats reprennent et les gens se réfugient dans des abris, humides parfois. Ce sont toujours les civils qui sont visés.

38 interventions chirurgicales sont pratiquées en 24 h. Il est important de fermer l'espace aérien disent les habitants.

À Kharkiv, le patrimoine est dévasté, ravagé ; toute la ville est pilonnée.

La base militaire de Yavoriv, ville grande comme quatre fois Paris, plateforme de livraison de matériel en provenance de Pologne, a reçu une trentaine de missiles en l'espace d'une heure.

À Lviv, des bunkers ont été réouverts pour permettre la protection des civils en cas d'attaque. Des trains entiers partent chaque jour de cette ville vers la Pologne. 70 % des Polonais craignent une attaque de la Russie.

2 800 000 réfugiés à l'extérieur de l'Ukraine à ce jour dont la moitié en Pologne. En Moldavie, petit pays de 2 700 000 habitants, 70 centres pour réfugiés ont été organisés.

14 mars 2022, 20ᵉ jour de guerre

Un immeuble de huit étages a été touché ce matin à Kiev, en ville, faisant un mort et 12 blessés.

Trois attaques au lance-roquette ce jour sur la ville de Kiev ; des sirènes résonnent toute la journée. Les roquettes frappent au hasard et mettent les gens sous pression.

Cependant, plus de la moitié des habitants restent encore à Kiev.

À noter que des tentatives pour tuer le président Zelensky ont été déjouées.

En Russie, en plein JT, une jeune femme a brandi un panneau avec « NON À LA GUERRE » ajoutant sa honte de travailler sur cette chaîne de propagande mensongère.

À Irpin, toujours bombardée, sur 60 000 habitants, il n'en reste que 2000 : ceux qui ne peuvent pas partir parce qu'âgés, malades ou pauvres. Il fait très froid.

La moitié de la ville est prise par les Russes mais depuis dix jours, ils ne parviennent pas à la prendre complètement.

D'autres villes au nord de Kiev sont assaillies ; Il ne reste que la route du sud qui permet d'en sortir.

Au nord-est et à l'est, l'encerclement des troupes russes forme une tenaille, du nord du Dniepr au sud.

Il y a de plus en plus de femmes ukrainiennes engagées dans les combats, 10 à 15 %. Ce sont des femmes médecins, des femmes qui fabriquent des cocktails Molotov, toutes participant à la défense de leur pays de façon déterminée.

La femme enceinte touchée lors du bombardement d'une maternité est décédée ainsi que l'enfant qu'elle portait. Les Russes ont nié cet évènement disant qu'il s'agissait d'un montage.

L'épouse de V. Zelensky encourage toutes ces femmes qui s'engagent, ce qu'elle se prépare à faire également.

À Lviv, il y a environ 200 000 réfugiés.

Le Maire dit qu'il n'a pas le temps d'avoir peur et que la guerre va durer mais qu'ils vont gagner.

L'Armée russe a fait savoir que les Russes étaient prêts à prendre le contrôle de toutes les grandes villes d'Ukraine mais on sait qu'ils mentent en permanence. Ils ont beaucoup de mal à prendre les villes car ils sont très dispersés.

V. Poutine accuse les Ukrainiens d'avoir envoyé une fusée sur le Donbass ?
Ce qui est vrai c'est qu'aujourd'hui les Ukrainiens ont abattu 4 hélicoptères russes.

Un nouveau train de sanctions est lancé dont : plus d'envois de pièces détachées par Airbus et Boeing en Russie, d'où flotte russe clouée au sol.

15 mars 2022, 20ᵉ jour de guerre

Ce mardi soir, un couvre-feu est décrété dans Kiev pour 36 heures soit jusqu'à jeudi matin afin de prévenir un assaut.

Il reste la moitié de la population soit 3 sur 6 millions d'habitants.

Le président Zelensky admet qu'il sera pratiquement impossible pour l'Ukraine d'entrer dans l'OTAN. Cependant, ce qui est clair c'est que les Ukrainiens ne veulent pas se rendre aux Russes.

Dans l'ensemble, la situation n'a pas évolué dans l'est mais les Russes tentent de faire pression sur les troupes ukrainiennes du Donbass en faisant en sorte qu'elles ne reçoivent plus de réserves. Cependant, la résistance ukrainienne est bien organisée.

Dans le sud, les Russes veulent faire peur afin que les Ukrainiens déposent les armes mais cela fait l'effet contraire : de nombreux bunkers sont construits sur la côte aux environs d'Odessa notamment afin de prévoir les attaques.

À Kiev, plusieurs missiles ont été dirigés sur le cœur de la ville, sur des immeubles habités par des civils. Les troupes russes bataillent pour entrer dans la ville. Au moins 4 morts. Les militaires ukrainiens font la chasse aux petits groupes agresseurs.

À Rivne, dans l'Ouest, deux missiles russes ont touché la tour de TV : 19 morts et 9 blessés.

218 kms de frontière avec la Biélorussie font craindre de nouvelles frappes.

Dans le sud, des élus locaux sont enlevés, remplacés par des fonctionnaires russes annonçant de « vraies informations » à la Russe.

Moscou commencerait à russifier l'Ukraine. Cette stratégie a déjà été pratiquée dans le Donbass depuis 2014.

Les sanctions décidées envers les Russes ont des conséquences évidentes sur l'économie française :

– 3,6 % d'inflation,

– 27 % d'augmentation du prix du maïs,

– Plus 90 % sur le coton sur un an,

– Pas de pénurie en blé en France mais considérant le fait que la Russie et l'Ukraine produisent 30 % du blé, il y aura des conséquences pour certains pays qui dépendent de ces approvisionnements,

– L'augmentation des produits alimentaires tourne autour de 1,34 % en 2022 par rapport à 2021,

– 40 % du titane vint de Russie donc nous aurons des problèmes au niveau de la production des avions, des voitures…

En bref, la France devra produire plus sur le plan agricole.

L'Europe sera fortement impactée.

Du côté de la Russie, on observe que la Chine tisse des liens très forts avec elle sur les plans politique, militaire et économique. En outre, le président chinois ne soutient pas les sanctions mais reste neutre.

À noter que Marina, la journaliste qui a pris le risque de se montrer en plein JT n'est pas emprisonnée mais risquera 15 ans de prison.

Un certain nombre de journalistes fuient la Russie et sont conscients du fait qu'ils ne reviendront peut-être pas.

La Lettonie est devenue une terre d'asile pour eux.

Les Russes doivent maintenant faire des efforts pour trouver des informations réelles non tronquées.

La Fédération de Russie ne fait plus partie du Conseil de l'Europe. Moscou a engagé une procédure de sortie de ce Conseil afin de prévenir son exclusion, quoique techniquement la Russie en fait partie jusqu'en fin d'année, mais la Cour Européenne des Droits de l'Homme peut encore la condamner.

Au niveau de l'entraide, des pompiers français apportent des aides aux pompiers ukrainiens.

E. Macron apporte son soutien à la population et fait appel aux entreprises françaises pour qu'elles facilitent l'acheminement de tout ce qui est nécessaire aux Ukrainiens.

16 mars 2022, 21ᵉ jour de guerre

Plusieurs bombardements ont eu lieu sur la capitale pendant le couvre-feu, en plein centre-ville. Le but semble être de briser le moral des habitants afin de les empêcher de résister.

À Mykolaïv, les femmes enceintes se réfugient au sous-sol de la maternité, lors de chaque sirène, où il y a des salles de travail mais parfois il est nécessaire d'opérer dans les blocs opératoires en étage. 49 femmes ont accouché depuis le 24 février dans cette maternité.

Il y a maintenant plus de trois millions de réfugiés en Europe, dont environ 15 000 en France, notamment à Nice. Chaque département en accueillera une partie.

Trois journalistes ont été tués en Ukraine, leur véhicule ayant été ciblé près de Kiev.

V. Zelensky s'adresse aux Américains : « Chers Américains, j'ai besoin de vos avions pour protéger l'espace aérien et exclure la Russie de tous les marchés. Soyez les leaders d'un monde de paix et de liberté. Le peuple ukrainien veut être libre. Grâce à votre histoire (Pearl Harbor le 7.12.1941, 11 septembre 2003…), vous pouvez comprendre ce que vit l'Ukraine… Merci pour votre soutien. » Il espère des sanctions pour les crimes de guerre russes.

Il est ovationné par le Conseil de Sécurité du Congrès américain.

Les Ukrainiens ont déjà eu des missiles Stinger et ont déjà abattu plusieurs avions russes mais il leur en faut davantage.

À Kharkiv, la ville est progressivement détruite et le point faible des Ukrainiens ce sont les attaques aériennes.

V. Zelensky, dans une vidéo, montre les villes bombardées par les forces russes qui ont déjà envoyé près de mille missiles dans le but de les tuer. Cette vidéo vient à l'appui de sa demande de zone d'exclusion aérienne.

Comment le faire si nous ne voulons pas une guerre mondiale ?

À Marioupol, des civils fuyant la ville n'ont pas pu éviter les balles et il y a eu une dizaine de morts. Les soldats russes tirent délibérément sur les civils afin d'exercer un maximum de pression, espérant obtenir une reddition. 300 000 civils restent encore à Marioupol manquant de nourriture, d'eau, de chauffage, d'électricité. Le droit humanitaire n'est pas respecté et il faut dégager des corridors humanitaires. La TV russe précise que ce sont les Ukrainiens qui ne sécurisent pas les couloirs humanitaires.

Joe Biden, suite au plaidoyer de V. Zelensky est très touché et annonce vouloir faire payer le prix fort à V. Poutine. Il a déjà mis en place une aide humanitaire et fourni des équipements militaires et de communication pour les aider mais souhaite mettre tout en œuvre pour que l'Ukraine ne soit plus jamais dans cette situation. Il veut ouvrir un budget supplémentaire d'un milliard de dollars afin de fournir du matériel pouvant cibler les avions agresseurs (drones) ainsi que des missiles de petit calibre (armes défensives).

Joe Biden salue le courage de V. Zelensky et du peuple ukrainien. Il souhaite faire tout son possible pour que l'Ukraine retrouve sa liberté et prie Dieu de les protéger. « Nous sommes unis contre Poutine », dit-il.

Des soldats américains vont aussi renforcer les troupes qui sont autour des frontières de l'OTAN.

De son côté, V. Poutine déclare : « l'opération se développe avec succès » et parle de « légitime défense » « Nous assurons la sécurité à notre pays » dit-il, sorte de réponse aux populations russophones. Il continue de se comporter en paranoïaque afin de tromper le peuple russe.

À Kiev, ce soir, il n'y aura personne dans les rues sauf les militaires qui pourront plus librement riposter sans les civils.

Le maire de Kiev, Vitali Klitschko, ancien boxeur, pro-européen, a pris les armes, déterminé à défendre sa ville, le peuple et l'avenir de l'Ukraine. Il plaide pour un pays débarrassé de la corruption. Il fait partie cependant des « cibles » à abattre.

À Odessa, une attaque serait prévue à partir du 18 mars selon le maire de cette ville.

On compte maintenant 17 000 réfugiés arrivés en France mais certains veulent partir en Espagne rejoindre amis ou famille. À l'arrivée, des « sas de protection » sont organisés en attendant l'accueil dans des familles ou ailleurs. 8OO sont déjà hébergés à Nice.

17 mars, 22ᵉ jour de guerre

Le Théâtre de Marioupol, occupé par des civils, a été frappé par les tirs russes. C'est un véritable génocide car beaucoup de femmes et enfants y étaient réfugiés. Le mot ENFANT était écrit en grand sur le bâtiment afin d'éviter une frappe mais cela n'a pas arrêté les Russes. On attend de savoir combien de personnes sont touchées.

A aujourd'hui, il y a déjà 2400 morts à Marioupol.

Les corps sont jetés dans des fosses communes.

L'enquête ouverte dira si l'on peut qualifier cet acte de crime de guerre à grande échelle ou si, selon un avocat pénaliste du Barreau de Paris, l'on peut basculer sur un crime contre l'humanité. Ce genre d'enquête est long et il sera nécessaire de s'assurer que celle-ci ne dure pas trop dans le temps. Le fait que V. Poutine soit encore au pouvoir n'empêcherait pas qu'il soit jugé a priori. Par contre, s'il est destitué, il tentera de se mettre à l'abri. Il faut accumuler les preuves en temps réel.

Les efforts russes se concentrent sur le Donbass dont Marioupol fait partie mais des combats se poursuivent partout.

Cette pression sur le Donbass, dont Marioupol fait partie, pourrait peut-être suffire pour commencer les négociations. Personne cependant ne connaît les intentions de V. Poutine. À ce jour, les Ukrainiens n'ont pas quitté la table des négociations.

À noter que les Indiens, les Chinois et une partie de l'Afrique n'ont à ce jour pas pris position quant à ce conflit.

La réserve militaire de V. Poutine est insuffisante et il recrute tous azimuts : dans les prisons, chez les Tchétchènes, chez les Syriens… ce qui permettra de compter moins de cercueils en Russie.

Une spécialiste du monde slave attire l'attention sur le fait que les corps des soldats engagés dans cette guerre de la Russie sont brûlés et ne seront ainsi pas comptabilisés comme morts.

Un montage vidéo truqué montre V. Zelensky appelant ses concitoyens à capituler. Elle montre V. Zelensky en tee-shirt kaki, la voix est reproduite et on lui fait dire : « Cette guerre ne vaut pas la peine de mourir et je vous invite à rentrer chez vous. »

V. Zelensky a très vite démenti cette fausse déclaration.

Il est un fait que les attaques cyber peuvent avoir des effets collatéraux importants. On assiste à une guerre de manipulation permanente d'où la difficulté de discerner la vérité.

Arnold Schwarzenegger, acteur et ancien gouverneur de Californie, dénonce, en s'adressant directement au peuple russe, tous les mensonges diffusés dans la presse russe.

Des citoyens lituaniens ont appelé directement des citoyens russes pour les informer de la réalité.

Le maire de Skadovk qui avait été kidnappé a été relâché et rassure les habitants de sa ville.

18 mars 2022, 23ᵉ jour de guerre

À Kiev, un immeuble a été bombardé : un mort et 19 hospitalisés ! Une centaine de personnes ont été évacuées.

Marioupol est toujours pilonnée par les Russes qui disent « combattre les nationalistes ».

À Kramatorsk, un tir provoque 2 morts et 6 blessés.

À Merefa : plus de 20 morts.

À Lviv, jusqu'à maintenant épargnée, le quartier de l'aéroport situé à 10 kms du centre-ville a reçu une frappe ciblée : une usine de réparation d'avions.

V. Poutine ne pouvant plus faire marche arrière est de plus en plus imprévisible et fait craindre le pire : menace nucléaire, menace chimique... C'est un agresseur qui se sent agressé, un vrai paranoïaque à mon sens. Il ne veut pas perdre la face. Qui pourrait l'arrêter ? Il évoque d'autres purges ? Il accuse l'Ukraine de « faire traîner le conflit » !

Le dirigeant des Tchétchènes, « chien de garde » de V. Poutine annonce un millier de Tchétchènes prêts à partir pour l'Ukraine. Les soldats tchétchènes sont réputés être sanguinaires.

Dans une vidéo, un montage à la russe montre des mises en scène macabres avec beaucoup d'incohérences et des Tchétchènes venant au secours des Ukrainiens.

En vérité, il y aurait des Tchétchènes qui combattraient au côté d'Ukrainiens.

En Ukraine, la pratique de la GPA est possible et il y a actuellement 500 mères porteuses qui vont mettre au monde un bébé tandis que d'autres ont déjà un bébé prêt à être accueilli par une famille. Les futurs parents sont inquiets : pourront-ils venir les chercher ?

Encore une centaine de réfugiés arrivent en Pologne ; beaucoup de femmes et de jeunes enfants. Un groupe de 10 Français est venu aider. Il y a plusieurs initiatives d'aide en France comme à Hendaye où des cours de Français sont organisés pour eux. 800 enfants sont déjà scolarisés en France. Un camion de 23 tonnes et d'autres de plus faible tonnage en liaison avec l'Église orthodoxe de Biarritz vont partir vers la Pologne.

Un bénévole ukrainien de Bayonne a mobilisé beaucoup de gens pour l'organisation de convois à destination de l'Ukraine avec des médicaments...

D'autres sont partis du Béarn jusqu'en Pologne pour aller chercher des Ukrainiens.

À ce jour, il y a plus de deux millions de réfugiés en Pologne.

19 mars 2022, 24ᵉ jour de combat

On compte à ce jour 109 enfants morts depuis le début de la guerre.
À Mykolaïv, encore des bombardements.

Le Maire de Mykolaïv dit que ce qui se passe souligne une fois de plus que l'action de Poutine ne comprend que la force.

Un premier bilan, suite à l'attaque du théâtre de Marioupol, fait état du fait qu'il y aurait environ 1000 blessés.

Plus de 2000 personnes ont déjà été tuées dans la ville.

Marioupol était la ville la plus russophone et paye aujourd'hui le prix fort. Il y a aussi beaucoup de Grecs dans cette ville.

La Russie bloque le couloir humanitaire.

Le maire répète que l'Ukraine ne va pas céder et compte sur l'occident car tout le monde est menacé.

Il souhaite le contrôle des espaces aériens et la possibilité de recevoir le matériel nécessaire à leur survie, que les sanctions soient renforcées avec notamment un embargo sur le pétrole russe et une sorte de plan Marshall pour reconstruire l'État ukrainien. Il aimerait aussi une intégration de l'Ukraine dans l'U.E.…

L'ambassadeur de France à Lviv interrogé dit que la vie est relativement normale à Lviv.

Cependant, depuis le 24 février, les Ukrainiens s'attendent à être attaqués partout.

Il précise que sa mission c'est :

– Participer et organiser les flux de Français : 1400 ont déjà quitté l'Ukraine ; il y en avait 1700. Certains ne souhaitent pas partir, ceux installés dans la région d'Odessa notamment,

– Recevoir l'aide humanitaire,

– Réceptionner les gros porteurs,

– Examiner quels sont les besoins des Ukrainiens,

– Gérer les contacts politiques avec les autres ambassades,

– Assurer une coordination avec Paris, rendre compte,

– Recevoir des homologues et rencontrer les autorités ukrainiennes, travail diplomatique de tous les jours…

La sécurité est prise en charge par les convoyeurs ukrainiens, dit-il.

Le président ukrainien Petro Porochenko, en fonction de 2014 à 2019, s'exprime sur BFMTV.

Il dit que Kiev est toujours en alerte.

Les troupes russes n'avancent pas mais il y a énormément de victimes dans les villes : plus de mille missiles ont déjà visé l'Ukraine mais les Ukrainiens continuent de se défendre et ne se rendront pas. Il y a plus de 14 000 soldats russes morts, plus de 200 avions russes abattus, plus de 1500 chars russes détruits.

Pour la première fois, les Russes ont utilisé des missiles hypersoniques car, a priori, ils n'ont plus de missiles de croisière.

L'Occident doit comprendre qu'on ne sait pas quelles sont les limites de V. Poutine.

Il remercie les Français d'avoir, en 2014, aidé à l'arrêt des livraisons d'avion Mistral à la Russie, ces avions qui auraient permis de tuer beaucoup plus de civils en Ukraine. Il remercie aussi la France pour son soutien.

Il pense que L'Ukraine montre qu'elle est unie et lui-même soutient le président Zelensky. Tous les partenaires doivent être unis face à V. Poutine.

Il n'a pas l'intention de mourir mais de vivre pour l'Ukraine. Il restera solidaire jusqu'au bout. Il rêve aussi d'être un Euro député ukrainien.

20 mars 2022, 25e jour de guerre

Kiev est toujours encerclée. Il y a des tirs de missiles en centre-ville. Un immeuble d'un quartier résidentiel a été touché.

À Tchernihiv, les opérations semblent être à l'arrêt.

Dans le Sud, il y a toujours une armée à Marioupol et à Mykolaïv. On ne sait pas quelles sont les réelles intentions de V. Poutine.

À Marioupol, un bâtiment hébergeant 400 personnes a été bombardé, une école d'art. Des civils sont sous les décombres !

Le président Zelensky dit : « Poutine veut nous exterminer mais je dois continuer à négocier. Il s'adresse à Israël disant : "nous perdons des hommes au quotidien, des innocents. Nous sommes capables de résister mais je pense qu'il faut trouver des moyens de négocier sinon nous allons vers une 3e guerre mondiale" ».

À propos des sanctions infligées à la Russie, Charles Gave, spécialiste et fondateur de l'Institut Libertés, précise que ce que nous faisons pénalise davantage les Occidentaux que la Russie parce que la Russie a prévu des ressources pour pallier ces sanctions. C'est l'Europe qui deviendra la moins compétitive car les États-Unis sont autosuffisants.

Pierre Lorrain, écrivain et journaliste, spécialiste de la Russie et de l'ex-URSS, qui a écrit « L'Ukraine, une histoire entre deux destins » est d'accord sur ce constat. Il ajoute, horrifié par cette décision d'attaquer l'Ukraine de V. Poutine, qu'il faut comprendre que la Russie, en 2000, voulait intégrer l'Europe et n'a jamais obtenu de réponse, ce qui serait vécu comme une humiliation par V. Poutine.

À propos de sanctions, l'idéal est de trouver des sanctions pour l'État russe et non sur le peuple russe.

Pour qu'elles soient efficaces et rapides, il faudrait arrêter d'acheter des hydrocarbures aux Russes.

L'Europe cherche d'ailleurs à acheter du gaz liquide ailleurs.

La Chine peut approvisionner la Russie pour ses besoins autres car elle reste un pays d'exportation visant l'enrichissement économique et elle peut acheter le blé russe.

À noter que deux pays peuvent assurer la paix dans le monde : la Chine et les États-Unis.

21 mars 2022, 26e jour de guerre

Cette nuit, un très grand supermarché de Kiev, pas très éloigné du centre, a été détruit. Des immeubles proches ont tremblé et des appartements ont été dévastés. Un habitant nous fait part de sa rage.

Un couvre-feu est décrété jusqu'à mercredi.

À Marioupol, les troupes russes encerclent toujours la ville constamment bombardée. Les Russes veulent que cette ville capitule. La moitié des habitants sont partis mais la ville résiste toujours.

Kharkiv tient bon mais la ville est constamment bombardée. La plupart des infrastructures sont détruites. Les habitants vivent cloîtrés, dans la peur.

En Moldavie, petit pays au grand cœur, on compte 350 000 réfugiés. La Moldavie est l'un des plus pauvres du continent européen.

22 mars 2022, 27ᵉ jour de guerre

À Kherson, il y a des manifestations pacifiques pour la liberté depuis que la ville a été prise.

À ce jour, 150 hôpitaux sont détruits. Une vingtaine d'enfants viennent d'arriver en France pour être soignés.

L'armée ukrainienne a détruit plusieurs ponts afin d'empêcher les Russes d'entrer dans les villes. L'armée russe dispose de ponts flottants.

On annonce aujourd'hui que l'opposant Alexeï Navalny, emprisonné abusivement, est condamné à neuf ans de prison supplémentaires pour « escroquerie et outrage à magistrat », dans une colonie pénitentiaire à sécurité maximum. Ses avocats ont été interpellés après le procès et vont probablement être sanctionnés pour l'avoir défendu.

Il y a déjà 15 000 Russes en prison pour avoir manifesté contre la guerre en Ukraine.

Il n'y a plus de journalistes pour nous faire part de ce qui se passe à Marioupol.

Une ancienne correspondante russe de « Channel One » à Paris dénonce ce qui se passe en Russie.

Au Kremlin, tous ne sont pas d'accord avec V. Poutine et de grands artistes, très courageux, prennent le risque de s'exprimer.

Les Ukrainiens aimeraient que les entreprises occidentales ne commercent plus avec la Russie (11 000 signatures de Leroy Merlin

Ukraine). Il y a 1200 sociétés françaises en Russie dont la majorité est restée à ce jour.

La France exporte pour 5 à 10 milliards vers la Russie (1,5 %) et elle est le deuxième plus important investisseur avec de grandes enseignes françaises. Il y a 400 magasins Auchan en Russie et 160 000 salariés employés par des entreprises françaises.

La Russie vit déjà sous sanctions depuis 2014.

Aujourd'hui, le rouble a perdu 30 % de sa valeur et une forte augmentation est notée sur l'électroménager et l'automobile (+ 80 %) nous dit un Français installé en Russie.

Que risquent les groupes lorsqu'ils partent ? De tout perdre et de voir leurs entreprises nationalisées par les Russes.

Les grosses entreprises françaises comme Leroy Merlin, Renault, Auchan, Decathlon ne sont pas prêtes à quitter la Russie, ne souhaitant pas lâcher leurs employés du jour au lendemain.

Total Energies attend fin 2022 pour stopper ses achats car elle est sous contrat mais maintient ses importations de gaz en attendant.

Macha Méril cite un message de l'Université de Moslomolosov de Moscou dénonçant la guerre : « qu'ils quittent le territoire d'un état souverain et mettent fin cette guerre honteuse ».

Son analyse est que V. Poutine se sent humilié depuis des années, qu'il en souffre et est nostalgique de l'époque du communisme. La classe dirigeante (KGB rebaptisé FSB) est très liée à V. Poutine et il les tient. Ivan III et Ivan IV ont déjà pratiqué de la même façon selon Jacques Faure, ancien ambassadeur de France en Ukraine. Pour l'entourage de V. Poutine, « la Russie sans l'Ukraine n'est pas un Empire », d'où la volonté de revenir à la Grande Russie.

Aujourd'hui, V. Poutine note que les négociations progressent suite à l'annonce de V. Zelensky disant qu'il pourrait discuter à propos du Donbass et de la Crimée. Est-ce vrai ?

23 mars, 28ᵉ jour de combat

Un journaliste de BFMTV nous montre des combats impressionnants filmés au nord de Kiev.

Depuis le début de l'offensive, les armées ukrainiennes, aidées par des Tchétchènes, ne permettent pas aux armées russes d'avancer.

À Kiev, encore 20 % des trains fonctionnent et les Ukrainiens peuvent les emprunter pour aller travailler. Certains cafés sont encore ouverts. Le couvre-feu est décrété à 20 h. Les civils Ukrainiens disent avoir appris avec la guerre et, lorsqu'une alarme sonne, ils restent philosophes et parfois continuent d'aider les soldats. On entend même souvent l'hymne national sur la place Maïdan.

4 blessés au nord de la capitale. L'armée russe aurait utilisé des bombes au phosphore. On attend la confirmation.

Le maire de Kiev et son frère s'adressent aux Russes : « Vos troupes n'arriveront pas jusqu'à nous. Plutôt mourir que d'être vos esclaves ! »

À Odessa, près de la mer, rien ne se passe pour l'instant.

Du côté d'Izium, en dessous de Kharkiv, on compte beaucoup de pertes russes. Il semblerait que les Russes aient utilisé des bombes au phosphore. L'utilisation de ces armes est interdite sur les civils par les conventions internationales depuis 1983 car elles provoquent de très graves brûlures. Elles ne peuvent être utilisées que pour éclairer les troupes sur les champs de bataille la nuit.

Dominique de Villepin, ancien ministre français, fait le constat que « si nous n'arrêtons pas la guerre nous allons faire face à un tsunami pour l'ensemble de la planète ».

« Dans l'esprit de Poutine prévaut l'objectif de gagner. »

Tous s'entendent pour dire qu'il faut arrêter l'action de Poutine mais comment ?

Poutine « bâillonne » toute voix contraire à la sienne, contraire au pouvoir russe et tous les antiguerre ou individus émettant des avis contraires aux décisions gouvernementales sont passibles de quinze ans de prison.

Alain Madelin, ancien ministre de l'Économie française qui est à Kiev en ce moment, rappelle que les Ukrainiens ont cédé leurs armes nucléaires à la Russie qui en retour devait les protéger.

Considérant la résistance ukrainienne, le Colonel Jean Luc Lefebvre, ancien directeur des Études de l'École de guerre et ancien colonel de l'Armée de l'air, pense que cette guerre peut durer encore longtemps.

Le Maire Adjoint de Marioupol précise qu'entre 50 et 100 bombes sont envoyées quotidiennement sur la ville. Vue du ciel, 90 % des bâtiments sont rasés ; les magasins sont ravagés, des cadavres par centaines sont entassés dans des fosses communes creusées dans la ville assiégée.

Le plan « guerre éclair » ayant échoué, l'ancien diplomate russe, Alexandre Melnik, expert en géopolitique, pense que « nous sommes au début de la bérézina en Russie avec une débâcle militaire ».

Denys Kolesnyk, Consultant expert, pense que cette offensive est « une guerre russe contre l'occident » si l'on observe toutes les interventions des Russes sur leurs voisins depuis quelques années.

En attendant, les Russes ont eu de nombreuses pertes depuis le début de l'offensive, en matériel et en humains dont 4 Généraux.

24 mars 2022, 29e jour de combats

À Louhansk dans l'Est, il y a eu aujourd'hui 4 morts et 6 blessés.

À Marioupol, les troupes russes ne bougent pas mais le feu des bombes au phosphore continue de détruire.

En mer noire, au port de Berdiansk, un des plus importants navires de guerre russes a pris feu : accident ou attaque d'Ukrainiens ?

Ce matin, il y a une rencontre au sommet de l'OTAN à Bruxelles.

BFMTV reçoit un journaliste russe qui précise que s'il y a des morts parmi les civils « c'est à cause des Ukrainiens qui bombardent des endroits qu'ils ne contrôlent pas ». Les journalistes n'ont pas le droit d'utiliser le mot « guerre ».

BFMTV reçoit Alexander Makogonov, porte-parole de l'ambassade de Russie. Voici ce qu'il dit :

« Il n'y a pas eu de déclaration de guerre alors ce n'est pas une guerre. »

« Les objectifs fixés au départ sont en train de se réaliser (démilitarisation, dénazification et protection des civils). »

Dès le départ, les Russes avaient dit : « On ne vise pas les civils », dit le journaliste ; réponse : « Il faut se demander d'où viennent les tirs ; peut-être ce sont les Ukrainiens, ils utilisent des boucliers humains pour discréditer la Russie ; c'est un peu atroce ce que font les Ukrainiens en mettant des armes entre les mains de tout le monde. »

Le journaliste français lui montre un témoignage d'un homme ukrainien qui dit : « Ça fait un mois que ça dure, ma femme est enceinte, j'ai un petit garçon. Pourquoi les jardins d'enfants, les hôpitaux ? Nous savons que les objectifs de l'ennemi, c'est un génocide ukrainien ». Le porte-parole de l'Ambassade de Russie répond : « C'étaient peut-être les nazis ukrainiens. Je suis là pour décrire la vérité. »

À propos de Marioupol, à la question : « À quoi sert un couloir humanitaire en direction de la Russie ? » Il répond : « On les accueille et on leur garantit des conditions dignes. »

À propos de V. Zelensky, il dit : « Il n'est pas seul, il y a quelqu'un derrière lui. »

Il dément l'utilisation des bombes au phosphore.

À propos des 10 000 soldats russes morts, chiffre paru sur Internet : « Ce sont des chiffres donnés par les Ukrainiens. »

À la remarque « Le monde entier est contre vous », il répond : « Je vous explique, il y avait eu ceux qui se sont abstenus ; en tout cas, on ne se sent pas isolés. »

Toutes ces déclarations, concernant les civils notamment, sont largement démenties par les journalistes étrangers dont français.

Ce porte-parole a débité un discours poutinien avec un cynisme incroyable. Avait-il peur ou était-il convaincu ?

Un député ukrainien montre, en vidéo, à la direction de Leroy Merlin, les dégâts subis par Leroy Merlin Ukraine et l'invite à fermer les magasins ouverts en Russie. Pour quelle raison ? « L'argent russe produit par les bénéfices de ce commerce sert à financer les armes qu'utilisent les Russes. » Il ajoute : « C'est la guerre contre liberté, égalité, fraternité ; aidez-nous car c'est la guerre contre tout le monde et le génocide contre nous ; merci beaucoup. »

Robert Ménard, le maire de Béziers, pense qu'effectivement les entreprises françaises doivent fermer. Chacun doit assumer ses responsabilités. La difficulté est cependant d'agir dans la rapidité. Il y a des choix à faire.

Le G7 et le Conseil européen préconisent :
– D'exclure la Russie du G-2O,
– L'interdiction de leurs réserves d'or,
– D'arrêter la guerre sans faire la guerre,
– D'arrêter d'acheter du gaz russe mais l'Allemagne, la Tchéquie et la Hongrie, trop dépendants refusent (il faut savoir que ce gaz russe importé en Europe rapporte sept cents millions d'euros par jour à la Russie),
– D'accroître les sanctions (l'obsession de V. Poutine est plutôt géopolitique et les sanctions économiques ne semblent pas le toucher).

L'arme chimique : une ligne rouge ?

Les pourparlers continuent demain :
– L'Europe pourrait boycotter le pétrole et le charbon russe,
– Pour le gaz, il y aura une éventuelle proposition des Américains,
– La stratégie : tout faire pour cesser l'escalade et trouver une solution négociée.

Le président Zelensky demande à l'OTAN, aux 30 dirigeants présents, « une aide militaire sans restriction » « l'Ukraine n'a jamais voulu cette guerre et ne veut pas se battre indéfiniment ; les Ukrainiens veulent sauver leurs vies ». Il accuse les Russes d'utiliser des bombes au phosphore. Les Turcs fournissent des drones aux Ukrainiens et les Allemands ont retrouvé des stocks d'armes de l'ancienne guerre mais cela ne suffit pas.

Conférence de presse de la Secrétaire générale de l'OTAN, Jens Stoltenberg à Bruxelles :
« Le peuple ukrainien résiste avec détermination.

Le président Zelensky nous a envoyé un message passionné. Nous sommes d'accord pour une aide supplémentaire à l'Ukraine, en renforçant la dissuasion aux frontières. Il y a maintenant huit bataillons de la mer Baltique à la mer Noire, davantage de forces à l'Est, 40 000 soldats sur le front Est. ; nous renforçons la défense antiaérienne et apportons une aide au niveau de la cybercommunication ainsi qu'une protection pour la décontamination éventuelle.

Nous renforcerons notre soutien pour les pays vulnérables : Géorgie, Bosnie-Herzégovine...

Pékin doit utiliser son influence sur la Russie.

Il faudrait que la Biélorussie arrête de soutenir la Russie.

Depuis le début de cette guerre, la sécurité de l'OTAN a augmenté.

Un certain nombre d'alliés va augmenter ses dépenses pour la défense.

L'invasion russe a changé notre engagement sécuritaire. Il nous faut être unis pour apporter une aide à l'Ukraine mais éviter une guerre totale entre l'OTAN et la Russie. »

« L'utilisation de l'arme chimique aurait des conséquences très larges, sur l'Ukraine comme sur d'autres pays. »

« Il est important de mettre rapidement fin à cette guerre. »

Moscou cherche un prétexte donc on ne peut pas fournir des avions de chasse mais des armes défensives, la légitime défense est un droit inclus sans la charte de l'ONU.

L'ambassadeur de Roumanie en France, Luca Niculescu, apprécie la relation que la Roumanie a avec l'U.E. et l'OTAN. Il y a un peu d'inquiétude concernant cette guerre mais les Roumains se sentent protégés par l'OTAN.

Plus de 500 000 réfugiés ukrainiens sont entrés chez eux et plus de 100 000 sont restés. Ils ont accès au marché du travail et leurs enfants sont scolarisés.

25 mars 2022, 30ᵉ jour de combat

À l'issue du Conseil Européen, E. Macron tient une conférence de presse.

Les objectifs à poursuivre :

− Être moins dépendants des énergies fossiles russes mais risque d'un manque d'approvisionnement en gaz pour l'hiver prochain ;

− Une commission a été nommée ayant pour mandat de faire des achats communs de gaz afin de faire baisser les prix et d'aller vers une diversification des approvisionnements ; dans un premier temps, elle va renégocier les marchés en cours puis trouver de nouveaux marchés dans les prochains jours. Il sera plus facile d'acheminer du gaz liquéfié que de modifier l'approvisionnement de gaz arrivant par des gazoducs ;

− Décorréler les prix du gaz et de l'électricité.

Le président Macron précise que suite au fait que les terres ukrainiennes ne sont pas ensemencées, l'Ukraine étant un grenier à blé, « nous sommes entrés dans une crise alimentaire sans précédent » : les prix seront beaucoup plus élevés pour les pays les plus aisés et il y aura des pénuries pour les plus pauvres, notamment en blé, riz, maïs… Il y aura des tensions car le marché des céréales sera déstabilisé au cours des dix-huit prochains mois.

Dans le cadre de l'ONU, nous pourrons peut-être vendre une partie de nos stocks aux plus pauvres.

En France, nous pouvons commencer à réutiliser les terres en jachère.

« Notre défi est de développer une culture commune et d'avoir des capacités plus autonomes, de devenir moins dépendants des non-Européens. »

Aujourd'hui, Joe Biden rend visite à la Pologne. Il arrive à Rzeszów, à 80 kms de la frontière ukrainienne. Il rendra visite aux militaires et aux groupes humanitaires et se rendra ensuite à Varsovie pour rencontrer le président polonais.

Son message aux soldats de l'ONU : « Nous sommes à un tournant, le monde sera différent ; la démocratie et les valeurs que nous partageons doivent l'emporter. Ce que vous faites est donc très important. »

Aux ONG et aux centaines de volontaires, il a déclaré apporter son soutien...

Parallèlement, le Kremlin envoie un message aux Polonais : « ce sera la guerre nucléaire... braves Polonais... », provocation pour dissuader les Polonais d'aider les Ukrainiens.

Lavrov dit que « l'occident mène une guerre totale » « les Européens cherchent à étouffer, détruire, anéantir la Russie ».

A priori, les échos semblent dire que les Russes exerceraient maintenant une pression plus forte sur le Donbass, Louhansk et Donetsk, les deux provinces autoproclamées russes en 2014 et Marioupol au sud du Donbass pour faire la liaison vers la Crimée. Ce serait a priori le principal objectif de V. Poutine ; au début, ses objectifs n'étaient pas clairs mais il semble maintenant se concentrer sur le Donbass.

Depuis une semaine, on constate moins de pression au nord de Kiev

Cependant, chaque jour des gens meurent. 139 enfants sont morts et 199 blessés à ce jour en Ukraine.

À Kharkiv, le centre médical a été bombardé : 4 morts.

On note aussi que 5 généraux russes et un Amiral seraient morts ce qui affaiblirait les forces russes.

Cependant, aujourd'hui, le centre de commandement des forces aériennes de l'Ukraine a été frappé par des missiles russes.

À Marioupol, la situation est toujours la même : beaucoup de combats de rues et de bombardements. Il s'agit d'une catastrophe pour l'humanité. La population restante ne reçoit pas de ravitaillement, les convois humanitaires ne peuvent pas entrer. Environ 300 personnes sont mortes lors de l'attaque du théâtre. C'est une ville martyre. Très courageux, des habitants disent : « Nous n'avons pas peur des troupes russes. C'est difficile pour toute l'Ukraine. Nous allons nous battre pour notre indépendance. »

Il y a, au sud, des sous-marins russes qui sont utilisés pour envoyer des frappes sur l'Ukraine. Quatre ont été repérés car ils sont obligés de passer à vue le détroit du Bosphore.

Un Journaliste ukrainien a été kidnappé et torturé il y a quelques jours et vient seulement d'être libéré.

Des Russes, qui voient clair, quittent le pays discrètement mais plus confortablement que les réfugiés ukrainiens. Ils partent vers la Serbie ou la Finlande (à condition d'avoir vaccin et visa) suivant la proximité de leur domicile.

26 mars, 31e jour de combat

Aujourd'hui, des tirs ont eu lieu près de Lviv sur une réserve de carburant : cinq frappes. Bilan : 5 personnes blessées, ce qui dément ce que les Russes auraient déclaré hier, à savoir concentration de leurs efforts sur l'est. Encore un coup de bluff.

On sait que l'armée régulière ukrainienne comprend 200 000 hommes. Une bonne partie de cette armée se trouve entre Kharkiv, Izium et le Donbass, du nord au sud.

Aujourd'hui, Antony Blinken se rend en Israël en vue d'une négociation diplomatique.

27 mars 2022, 32e jour de combat

À Marioupol où il reste entre 100 et 150 000 personnes et où il y a eu de nombreux morts dont 300 suite à l'attaque du théâtre, il y a urgence à obtenir un couloir humanitaire sûr pour permettre l'aide humanitaire.

Aujourd'hui, le gouverneur et le maire de Lviv ont tenu une conférence de presse faisant état de la situation.

Le président Américain, Joe Biden fait état du fait que les Russes ont des autocraties aux quatre coins du monde qui ne respectent pas l'état de droit. En parlant de V. Poutine, il dit : « Il a étranglé la démocratie. Regardez ce qu'il a fait à ces gens. C'est un boucher… »

Aujourd'hui, une mauvaise et une bonne nouvelle pour nous :

– Mon ordinateur est piraté et les 60 premières pages que je viens de mettre au propre ont disparu. J'avais sauvegardé au fur et à mesure mais tout a disparu. En fouillant, essayant de restaurer différentes zones, j'ai réussi à retrouver 28 pages. Je ne saurais dire comment mais c'est toujours ça mais je suis découragée ! Certaines informations sont perdues pour moi et pour ceux qui liront ce livre ;

– Nous avons enfin un contact téléphonique avec des cousins d'Ukraine qui sont sains et saufs. Depuis le début de l'agression russe, nous avons cherché en vain à les joindre mais leurs numéros de téléphone avaient changé. Nos tentatives auprès de l'Ambassade de France à Kiev, transférée ensuite à Lviv puis au ministère des Affaires étrangères, puis à la mairie du village où des cousins pourraient être toujours domiciliés, puis sur internet auprès d'associations ukrainiennes avaient toutes échoué. Un courrier envoyé dès le début ne donnait rien non plus. Enfin, un Ukrainien sympa d'une association avec laquelle nous avions des contacts depuis un certain temps pour fournir vêtements et matériel médical pour le conflit du Donbass puis pour cette horrible guerre nous a aidés avec des contacts personnels. Ouf, ouf ! Merci à lui.

François Hollande nous explique que V. Poutine, du temps de sa présidence en France et de la présidence de Barak Obama aux États-Unis, ne comprenait pas pourquoi l'OTAN s'étendait sur l'Est.

Une conférence glaciale avait eu lieu à ce sujet, se soldant par une mésentente entre les deux. Poutine était « humilié », se sentait méprisé.

Les Russes ont un complexe d'infériorité et le sentiment que les Occidentaux ne les écoutent pas et donc V. Poutine se venge :

– En Syrie, il utilise les armes chimiques pour aider le dirigeant de ce pays mais il conteste les faits. Le président Obama avait parlé d'une ligne rouge si cela se produisait. V. Poutine a alors rusé dissuadant la Syrie de les utiliser et Barak Obama n'est donc pas intervenu mais cela revenait à constater, pour l'opinion publique, qu'il n'avait rien fait suite au dépassement de cette ligne rouge ;

– En février 2015, au Kremlin où une réunion a lieu entre V. Poutine, A. Merkel et F. Hollande, V. P. prétend que les Russes ne sont pas impliqués dans l'Est, dans le conflit du Donbass. Il ment alors que l'on sait qu'il a envoyé des troupes russes soi-disant pour aider les prorusses à lutter contre les Ukrainiens ; mais, le 12 février, sans avoir reconnu son implication, il accepte l'autoproclamation russe des deux provinces du Donbass, Louhansk et Donetsk. Il veut s'assurer que l'Ukraine ne rentrera pas dans l'OTAN ;

– Lors de l'anniversaire de la fin de la dernière guerre, à nouveau humilié, il se venge et des jets russes menacent des navires américains en mer baltique ;

– En septembre 2015, alors que le groupe djihadiste sévit sur le monde, F. Hollande demande qu'on épargne les civils ; VP ordonne une intervention massive pour combattre les terroristes mais, dans les faits, il bombarde l'opposition au dictateur syrien, permettant au régime de Bachar Al Hassad de vaincre la rébellion ;

– En mai 2016, V. Poutine célèbre sa « victoire » sur le terrorisme voulant montrer que la Russie est solide. Il utilise l'arme « communication » ;

– En décembre 2015, il célèbre la réussite de la télévision russe « To-Day » car il entend faire entendre la voix de la Russie pour influencer l'opinion publique, objectif prioritaire dirigé vers les États-Unis, et il développe la théorie du complot ;

– Face à la candidature à la présidence des États-Unis d'Hilary Clinton, il profite de la candidature de D. Trump pour envoyer des milliers de messages sur Twitter, hostiles à la démocrate, lesquels sont vus par neuf millions d'Américains sur les réseaux sociaux et permettent à D. Trump de gagner les élections ; une cyberattaque est organisée.

– Barack Obama rend visite à V. Poutine mais il n'y a pas de preuves de l'ingérence russe. V. Poutine ment constamment. La devise d'un ancien KGB est à l'œuvre : n'admettez rien, niez tout, faites des accusations ;

– Le 7 octobre 2016, la CIA rend publics les e-mails piratés d'Hilary Clinton mais V. Poutine savoure sa revanche et félicite la nomination de D. Trump ;

– Lors d'une rencontre avec celui-ci, où il espère la levée des sanctions dont la Russie fait l'objet depuis 2014 et l'arrêt de l'expansion de l'OTAN, D. Trump, qui n'a pas les mains libres, ne s'engage pas et aucun accord n'est conclu ;

– Le but de V. Poutine est d'éloigner l'U.E. des États-Unis, de les diviser ;

– En 2017, la Russie organise à nouveau une cyberattaque pour influencer le Brexit ;

– En 2017, même type de cyberattaque pour empêcher la nomination d'Emmanuel Macron ;

– En mars 2017, V. Poutine affiche son soutien à Marine Le Pen qui « affiche des valeurs » similaires à celles de V. Poutine ;

– V. Poutine tire sa force en utilisant les faiblesses des autres. Un exemple lorsqu'il reçoit Angela Merkel, avec son gros chien noir, sachant qu'Angela Merkel craint les chiens.

Aujourd'hui, le président Zelensky et l'Ukraine deviennent son obsession. Nous ne savons pas où va mener cette volonté de revanche.

Après qu'il eut installé des chars russes tout autour des frontières Nord et Est de l'Ukraine, le président Macron a obtenu un entretien avec V. Poutine qui a duré cinq heures au Kremlin.

Il a menti. E. Macron sait qu'il ment et V. Poutine sait bien qu'E. Macron sait qu'il ment mais il sent qu'il a les mains libres car les Occidentaux ont dit qu'ils n'interviendraient pas militairement en Ukraine. Donc il envahit l'Ukraine comme les Américains l'avaient pressenti le 24 février 2022 sur tous les fronts s'attendant à une victoire éclair avec l'installation d'un gouvernement vassal à la tête de l'Ukraine. Il menace les Occidentaux du nucléaire s'ils s'interposent.

On a l'impression que son objectif est la reconstitution de la Grande Russie. Sa motivation affichée est la dénazification de l'Ukraine.

Pas de chance, le président V. Zelensky et les Ukrainiens résistent et l'armée russe perd une grande quantité d'hommes

V. Poutine discute avec les Occidentaux mais progressivement il n'a plus qu'E. Macron comme interlocuteur.

Il ne veut pas renoncer à ses objectifs et l'ampleur des sanctions ne semble avoir aucun effet sur lui. Il réprime les Russes qui manifestent tandis que d'autres fuient leur patrie.

Il mène une autre guerre froide mais sanglante. Jusqu'où ira-t-il ? Qui l'arrêtera ?

28 mars 2022, 33e jour de guerre

Aujourd'hui, les troupes russes, au nord de Kiev, ont reculé vers le nord pour se reconstituer (en Biélorussie pour certaines) et la ville d'Irpin est libérée après de violents combats.

L'Hôpital de Kiev est transféré dans le sous-sol.

C'est dans le Donbass qu'il y a le plus d'attaques maintenant.

Il semblerait que les soldats russes morts passent au crématorium ambulant afin de ne pas laisser de traces en Russie.

Au moins 5000 personnes sont mortes à Marioupol.

565 milliards, c'est le coût actuel estimé de cette guerre en matériel, infrastructures et pertes économiques ; 8000 kms de routes sont endommagés, des bâtiments sont détruits, des entreprises sont perdues…

Aujourd'hui, est décidée la suspension de la publication du journal « NOVA Gazetta », journal d'opposition russe, publication ayant eu un Prix Nobel de la Paix.

Un ancien diplomate russe invite ses collègues en place à plus d'objectivité.

L'Oligarque Roman Abramovitch, 55 ans, de famille juive ukrainienne, aurait été empoisonné ainsi que deux de ses collègues alors qu'ils quittaient Kiev. Sa fortune est estimée à treize milliards de dollars. Cet oligarque, comme beaucoup, est très puissant et possède plusieurs passeports. Grâce à ses liens renforcés auprès du Kremlin, il a bénéficié de contrats préférentiels.

Un oligarque est une personne concentrant pouvoir et argent. Autrefois, les oligarques avaient un certain pouvoir sur le pouvoir en place mais, avec V. Poutine, il semble que la relation soit inversée. Les oligarques, qui sont apparus en Russie dans les années 90, ont joué un rôle important en politique. Ils ont fait fortune sur « les ruines de la dernière guerre mondiale ». Il y aurait 877 oligarques russes en Russie dont certains sont très proches de V. Poutine. Il a besoin de l'argent des oligarques pour reconstruire ce qui a été détruit (chars, routes…) notamment au cours de cette « opération militaire » en Ukraine (ce n'est pas une « guerre », attention !).

Certains ont pu dire qu'il était prêt à aider à la reconstruction de l'Ukraine après la guerre, supposition car sa mission auprès de V. Zelensky serait officielle, Roman Abramovitch jouant le rôle d'intermédiaire entre V. Zelensky et V. Poutine. Roman Abramovitch était déjà au Kremlin du temps du président Eltsine et il aurait plaidé auprès de V. Poutine pour la paix.

En attendant, des drones turcs Bayraktar TBZ sont utilisés contre les attaques russes de missiles russes.

À ce jour, on compte 3 780 000 réfugiés ukrainiens, dont 2 800 000 en Pologne.

29 mars 2022, 34e jour de combat

Aujourd'hui, un bâtiment administratif de Mykolaï a été bombardé. 50 à 100 civils ont pu quitter le bâtiment à temps : il y a au moins 7 morts, sans compter les personnes pouvant être sous les décombres.

On annonce qu'Irpin est libérée, l'armée russe ayant été repoussée. Le président Zelensky dit qu'il est trop tôt pour dire que la ville est sécurisée.

Le maire de Marioupol appelle toujours à l'aide et E. Macron doit à nouveau négocier un couloir humanitaire cet après-midi.

Un millier de soldats du groupe Wagner, armée parallèle fondée en 2014, composée de mercenaires russes (particulièrement brutale et ne respectant pas le droit international), est déployé à l'Est de l'Ukraine.

Joe Biden soit s'entretenir aujourd'hui avec ses homologues français, allemands, italiens…

Aujourd'hui, il y a des pourparlers en Turquie qui laisseraient à penser qu'il y aurait une avancée significative pour commencer à négocier :

– Les Russes gèleraient leurs opérations militaires dans la région de Kiev,

– Le président turc demanderait un cessez-le-feu,

– Au final, cependant, les négociations ne pourraient se faire qu'avec l'aval de l'OTAN.

E. Macron demande à nouveau l'ouverture d'un couloir humanitaire pour Marioupol. C'est le 19ᵉ entretien qu'il a avec V. Poutine depuis décembre 2021, le 17ᵉ depuis le début de l'année.

Le président Zelensky demande toujours la possibilité de parler avec V. Poutine et V. Poutine semblerait en accepter le principe mais pour quel accord et quand ? À Londres, on précise : « voir les actes ! ». Des concessions sur les demandes qui seront formulées ne seront pas forcément bien reçues par le peuple qui veut garder son indépendance. Le président Zelensky serait prêt :

– À renoncer à faire partie de l'OTAN mais, en contrepartie, un accord de sécurité devrait être mis en place, négocié avec quelques pays,

– À une non-nucléarisation et une démilitarisation en échange de la garantie d'intégrité et de souveraineté de l'Ukraine.

Les Américains ne tirent rien de sérieux des projets de négociation.

Ce soir, le président Macron n'a pas pu obtenir une trêve et un corridor d'évacuation pour Marioupol.

30 mars, 35ᵉ jour de combat

Hier, V. Poutine laissait entendre qu'il ne bombarderait plus Kiev. En fait, il y a toujours des bombardements dans la banlieue de Kiev.

Malgré les pertes humaines, les Ukrainiens ne veulent pas entendre parler de perdre le Donbass.

À propos des sanctions mises en place en 2014, et devant aller jusqu'en juillet 2022, il ne sera pas possible de les stopper tant qu'il n'y aura pas de négociations.

Il y a eu une explosion dans un dépôt de munitions sur le sol russe ce jour à Belgorod. Les Ukrainiens disent ne pas être concernés. Le Gouverneur local signale qu'il n'y a pas de blessés.

La ville de Tchernihiv a été bombardée toute la nuit contrairement à ce qu'avaient annoncé les Russes. Il y a eu 25 blessés. Tchernihiv est une première étape pour aller vers Kiev. Cette ville a toujours résisté jusqu'à maintenant.

À Marioupol, le bâtiment de la Croix Rouge a été bombardé : un nouveau crime de guerre. Selon V. Federosvski, V. Poutine voudrait prendre cette ville afin de faire le lien entre le Donbass et la Crimée.

L'ambassadeur d'Ukraine en Russie annonce les pertes chez les Russes : 600 chars, 127 avions, 129 hélicoptères, 17 000 militaires tués. Il faut tenir compte du fait que des charniers de militaires et de civils existent sur les champs de bataille.

La TV russe confirme que « tout va bien », « le plan se déroule normalement ». À Kiev, les bombardements « feraient diversion ». Ils souhaitent « exterminer les derniers nazis » mais Kiev serait épargnée. Et S. Lavrov d'ajouter : « Nous avançons vers un monde multipolaire, juste, un ordre mondial plus démocratique. »

Cependant, d'après des experts, les Russes seraient en train de renforcer/renouveler leurs troupes.

L'Armée russe est suréquipée mais elle fonctionne sur les réserves soviétiques, parfois difficiles à réparer. Il y aurait 750 000 soldats en capacité active et des troupes étrangères.

À propos des soutiens internationaux à V. Poutine, on note que la Chine, l'Inde, l'Afrique du Sud et dix-sept autres pays africains ne se sont pas prononcés contre la guerre (?).

Selon certaines informations, il apparaîtrait que V. Poutine serait mal informé en ce qui concerne ce qui se passe réellement sur le terrain de la guerre, ses proches n'osant peut-être pas lui dire la vérité.

Il faut cependant toujours se méfier de ce que dit ou est dit de V. Poutine.

À ce jour, il y aurait six millions cinq cent mille déplacés ukrainiens, dont quatre millions cinq cent mille réfugiés dans les pays voisins.

À Marseille, le ferry « Corsica » a accueilli plus de 700 personnes réfugiées pour deux mois.

La durée d'accueil nécessite une organisation spéciale car la situation risque de durer. Il va falloir répartir les réfugiés sur d'autres départements.

Une anecdote : le maire de Deauville fait flotter un drapeau ukrainien devant une Datcha russe, sur front de mer. La réaction des Russes a été de mettre un échafaudage devant la maison. Le Maire a également reçu une lettre des Russes disant qu'il devait être mal informé car ce sont les Ukrainiens qui bombardent leurs villes... Ils ont interdit aux Russes de venir à Deauville mais ceux-ci n'écoutent pas et fréquentent toujours la ville...

À noter qu'Éric Vido, le Responsable du renseignement militaire français, vient d'être limogé suite à un manque de maîtrise et d'analyse des sujets, notamment du dossier Ukraine.

Contrairement à ce qu'il laissait entendre hier, V. Poutine dénonce « toute percée dans les négociations » et Paris confirme « ne pas voir de percée dans les négociations russo-ukrainiennes ».

31 mars 2022, 36e jour de combat

Nous apprenons ce matin qu'un couloir humanitaire passant par Zaporijia devrait permettre à 45 bus de la Croix Rouge d'évacuer des civils toujours bloqués dans Marioupol. Il y a encore environ 160 000 habitants coupés du monde dans cette ville martyre. On ne sait pas quelle sera la durée accordée par les Russes pour cette évacuation.

Cependant, on constate que les bombardements continuent de faire rage sur cette ville et que le cessez-le-feu n'a pas lieu.

La propagande russe est qu'ils déploient leurs forces sur le Donbass, ce qui est vrai mais les frappes continuent toujours ailleurs aussi.

Il semble que V. Poutine lance une nouvelle campagne de conscription pour renouveler ses troupes. Paradoxalement, il déclare ne pas envoyer les conscrits au combat alors qu'on leur ferait signer des contrats au bout de trois mois pour se « porter volontaires ». Ont-ils le choix ?

À Melitopol, le maire, Ivan Fedorov, qui a été enlevé le 11 mars, vient d'être libéré après avoir subi des tortures psychologiques : « J'ai subi des violences psychologiques et j'ai entendu les cris des gens qui étaient torturés. » Interrogé par cinq militaires qui posaient des questions, montrant leur non-préparation, mais qui disaient aussi que leur mission était de libérer la ville des nazis, que les vétérans de la dernière guerre étaient mal considérés, ce à quoi il a répondu qu'il n'avait jamais vu de nazis dans sa ville depuis 30 ans et qu'au contraire les vétérans de la dernière guerre étaient bien considérés. Le président Zelensky l'a échangé contre neuf prisonniers russes et il le remercie.

Il ajoute, « la guerre a commencé le 24 février. Pendant deux semaines, nous étions en situation d'occupation mais les gens s'opposaient à l'agression. Melitopol est une ville symbole qui avait choisi un projet pro-européen avec développement de projets sociaux… Ils ont voulu défaire tout ce que nous avons construit… ».

29 autres élus sont encore kidnappés.

Lui-même a été mis en prison sans moyens de communication avec comme excuse « qu'il était le financier du parti radical ». Il salue les gens de Melitopol, très courageux, qui ont manifesté (3 à 4000 personnes) face aux soldats armés. Il dit être sûr que l'Ukraine gagnera.

À Irpin et autour de Kiev, les bombardements se poursuivent. 200 à 300 civils ont perdu la vie dans cette ville.

Deux explosions ont eu lieu dans un quartier militaire, au cœur de Kiev : immeubles et voitures aux vitres brisées... En fait, les Russes n'ont pas abandonné les combats et exercent tous les jours des bombardements sur la ville et ses environs.

Aujourd'hui, V. Poutine « exige » que le gaz fourni aux Européens soit payé en roubles. La réponse de tous est que les contrats prévoyaient un paiement en euros ou en dollars donc chacun continuera ses règlements dans la monnaie déjà prévue.

La dépendance au gaz russe de l'Allemagne est actuellement de 49 %, de l'Italie à 46 % et de la France à 17 %.

Jens Stoltenberg, Secrétaire général de l'OTAN dit que « nous pouvons nous attendre à de nouvelles souffrances ».

Les sanctions ne semblent pas se faire sentir dans les magasins russes à part dans les magasins de produits occidentaux. Les jeunes, qui vivent dans les faits à l'occidentale, pour compenser, achètent les marques d'occasion sur le web, plus cher que le neuf en boutique.

Au 36ᵉ jour de guerre, le porte-parole de l'ambassade de Russie en France est de nouveau interviewé.

À la question : « Combien de nazis avez-vous tués ? »

Il répond : « C'est difficile de compter, ils sont tellement nombreux. »

Journaliste : Pourtant, chaque jour le ministère de la Défense en Russie doit donner des chiffres. Vous avez détruit 90 % des maisons de Marioupol...

Porte-parole : Martyrisés par qui ? Ils se servent des civils pour que les Russes tirent sur eux.

Journaliste : Ce sont des civils qui fuient.

Porte-parole : Ils sont tous maintenant en Russie. Je ne sais pas à quel point les Ukrainiens donnent le choix d'aller ailleurs ; très souvent, les Ukrainiens tirent dessus.

Journaliste : Ce sont les Ukrainiens qui sont responsables de la destruction de la ville ? C'est la guerre ?

Porte-parole : Ce sont les hostilités, personne n'a déclaré la guerre ; on cible que les sites militaires.

Journaliste : Les Ukrainiens étaient chez eux.

Porte-parole : Cette ville était occupée par les néonazis ; ils se battent pour eux-mêmes ; on en a accueilli 500 000 en Russie.

Journaliste : On en a quatre millions en Europe !

Porte-parole : Ils fuient peut-être les néonazis ukrainiens ; ils les enferment dans les caves ; pourquoi vous n'interrogez pas ceux qui fuient en Russie ; comment vous pouvez croire les Ukrainiens ; le problème est que chaque fois que les civils veulent partir, ils sont bloqués par les Ukrainiens ; vous allez voir, peut-être de nouveau ils vont saboter tout ça.

Journaliste : Pour Kiev, il s'agissait de la réduction de la pression.

Porte-parole : On doit protéger le Donbass, nettoyer ce territoire des néonazis qui se sont installés là-bas ; l'Armée russe a réussi à libérer 90 % du territoire…

Journaliste : Quel est l'objectif de guerre ?

Porte-parole : Il faut libérer les territoires de tous les éléments militaires ukrainiens qui continuent à bombarder ; les habitants du Donbass remercient Dieu d'être libérés.

Journaliste : À partir de quand vous déciderez d'arrêter la guerre ?

Porte-parole : Nos objectifs ont été réitérés plusieurs fois : démilitariser, nettoyer les éléments néonazis et protéger la population du Donbass.

Journaliste : Le président français a demandé un couloir humanitaire pour laisser partir les habitants de Marioupol.

Porte-parole : Nous faisons tout pour y parvenir mais les Ukrainiens ne le respectent pas.

Notre journaliste lui montre le témoignage du Maire de Melitopol qui affirme que 85 % des gens parlent russe. Il ne le croit pas et dit que « les Ukrainiens parlent peut-être russe dans leurs cuisines parce que sinon ils n'ont pas le droit ».

Ce témoignage montre que l'on est face à deux visions complètement différentes des choses où il est difficile pour certains d'admettre leur propre violence, où l'on se donne des tas d'excuses pour rester dans sa logique.

1er avril 2022, 37e jour de combat

La ville de Stoyanka, au nord de Kiev, est en grande partie détruite.

À Kherson, ville prise par les Russes, des perquisitions sont faites chez les particuliers, des gens disparaissent, les manifestations sont réprimées, les gens se cachent, ils ont peur...

À Marioupol, les Russes ont complètement bloqué le couloir humanitaire prévu pour l'évacuation des civils par la Croix Rouge et il n'a pas été possible de procéder à l'évacuation des civils prévue. Poutine ne veut pas lâcher.

À Lviv, les civils continuent de se mettre au service de l'Armée ukrainienne.

On note que les Biélorusses, qui ont plutôt de bonnes relations avec les Ukrainiens, n'ont pas répondu à la pression de V. Poutine pour participer à cette guerre.

Les menaces de V. Poutine concernant le gaz ne font qu'accélérer la volonté des Européens de se libérer de cette dépendance et un nouveau volet de sanctions se prépare.

La semaine dernière, il y a eu une vague d'expulsion de diplomates russes sur l'Europe, sauf en France, la volonté de la France étant de garder le contact.

Un dépôt pétrolier russe, à 50 kms de la frontière russo-ukrainienne, à Belgorod, a été frappé par les Ukrainiens disent certains alors que le président Zelensky rejette sa responsabilité. Le Kremlin dit que cela va compter dans les pourparlers.

Selon un journaliste ukrainien, en Ukraine, il y a eu 14 000 morts depuis 2014 et la guerre était là. Le monde entier pouvait voir ce qui se passait : les Ukrainiens « n'auraient pas supporté un Poutine pour les gouverner ; cet homme ne respecte pas les promesses et veut éliminer tout le monde ; j'espère que nous aurons la victoire mais je ne crois pas que Poutine arrête la guerre ».

À Kiev, une seule alerte aujourd'hui dans le centre-ville ; hier, deux missiles ont été projetés sur des bâtiments de l'armée ukrainienne.

Dans le nord, il y a des replis vers la Biélorussie et les forces ukrainiennes en profitent pour reprendre du terrain.

Au sud, à Melitopol, Mykolaïv, les forces ukrainiennes essaient de repousser les forces russes.

Entre Izium et Donetsk, les Russes attaquent mais les Ukrainiens résistent.

La catastrophe de Tchernobyl date de 35 ans et les jeunes soldats russes ne semblent pas savoir qu'il y a danger d'irradiation à creuser la terre pour préparer des fosses communes.

2 avril 2022, 38e jour de combat

300 millions de dollars supplémentaires sont accordés par le Pentagone à l'Ukraine.

À Marioupol, où la ville est bloquée et où les habitants ne font que survivre, 3071 civils ont quitté la ville dans la nuit avec leurs véhicules personnels mais environ 160 000 personnes sont encore bloquées. Le convoi de la Croix Rouge n'a toujours pas été à même d'évacuer des habitants.

Les troupes russes ont quitté Irpin et l'on observe un véritable chaos dans cette ville où les habitants qui ne sont pas partis vivent dans des conditions lamentables.

La bataille de Kiev semblerait gagnée car les forces russes se sont retirées, ne pouvant pas prendre le contrôle de cette ville de trois millions d'habitants ; Kiev est plus tranquille car elle n'est plus encerclée. Il en est de même en ce qui concerne Tchernihiv.

Paradoxalement, quelques Ukrainiens retournent chez eux, vers Kiev, vers Odessa, pour différentes raisons : retrouver une famille, aller chercher un parent…

En fait, les troupes russes concentrent leurs actions dans le Donbass et à Marioupol. Les Russes semblent vouloir prendre le contrôle de la mer d'Azov et de la mer Noire. Hier, les Russes ont pris le contrôle d'Izium.

Un accord oral aurait été donné par la Russie à Kiev selon le négociateur en chef ukrainien : une confirmation écrite est attendue. Abraham Abramovitch, médiateur entre Russie et Ukraine, a déclaré que si une négociation devait avoir lieu, elle se déroulerait en Turquie. Roman Abramovitch, oligarque proche de Poutine, joue un rôle important dans les négociations entre V. Zelensky et V. Poutine. Ses grands-parents sont Ukrainiens et il a été élevé en URSS puis est devenu milliardaire sous M. Gorbatchev. Il sait naviguer au Kremlin. À noter qu'il a perdu un tiers de sa fortune depuis le début des sanctions.

Vladimir Fedorovski, ancien diplomate russe, écrivain, auteur de *Poutine et l'Ukraine, les faces cachées* dit que notre plus grande erreur est d'avoir refusé la main tendue de V. Poutine pour rejoindre l'Europe.

3 avril 22, 39ᵉ jour de combat

Les troupes russes se sont retirées des environs de Kiev mais Odessa reçoit des bombes.

Les troupes russes ont semé la mort avant de partir.

À Boutcha, ville occupée pendant un mois par les Russes, presque tous les immeubles sont détruits et des cadavres sont découverts un peu partout, certains ligotés, certains ayant subi des tortures ; des véhicules occupés par les conducteurs sont retrouvés écrasés par des chars ; des femmes ont été violées ; un cadavre a été retrouvé dans un puits ; des magasins ont été pillés… Ce sont des scènes d'horreur que les soldats ukrainiens découvrent en arrivant dans la ville. Des témoins disent que les Russes venaient les chercher chez eux pour les torturer, les tuer ou les enfermer dans des caves ; ils recherchaient des habitants ayant des liens avec l'Armée ukrainienne. Ils tuaient les gens et s'installaient dans les maisons laissant en partant des espaces souillés et pleins de détritus…

296 mots ont déjà été retrouvés, certains dans des fosses creusées par les habitants.

Les Russes dénoncent ces faits et disent qu'il n'y avait pas de cadavres quand ils sont partis, qu'il s'agit de mises en scène, que les Russes ne tuent pas...

Des familles traumatisées vivent dans la crainte de voir les troupes russes revenir.

Un ancien Chef d'État-Major de l'OTAN commente des faits relevés sur les réseaux sociaux.

Des dizaines d'internautes suivent les combats régulièrement, les allées et venues des tanks, des chars, des convois, les explosions... Une multitude de vidéos d'amateurs décrivent des drames avec des détails intéressants ; un travail de fourmi va consister à déterminer à quel endroit, à quel moment, quand et par qui les exactions visualisées ont eu lieu ; des experts en géolocalisation vont rechercher ces précisions précieuses qui permettront de les confronter aux déclarations des autorités russes qui voudraient faire croire que les Ukrainiens sont les agresseurs.

De plus, depuis le 24 février, des Ukrainiens filment tout : les Russes tirant sur les civils, les avions bombardant...

Dans la ville d'Irpin, on observe une Église qui brûle, on voit les tirs dans les rues par lesquelles les gens fuient.

Aucune discrimination n'est faite dans ces accès de violence incontrôlée.

On voit deux personnes handicapées ciblées par des tirs.

On voit un chien qui est assis à côté de son maître qui vient d'être abattu.

On voit le théâtre de Marioupol visé alors que l'inscription ENFANT est inscrite en gros caractères au sol.

On voit les pilleurs de magasins comme dans tous les conflits, hélas.

Tous ces éléments pourront servir pour justifier les crimes de guerre.

Les journalistes de l'Équipe de BFMTV, sur place à Boutcha, racontent ce qu'ils ont vu, ce qui recoupe les faits ci-dessus relatés.

Ceci sans compter l'utilisation de bombes à défragmentation, au phosphore, les gens tués dans les couloirs humanitaires non protégés...

À Odessa, plusieurs infrastructures du port ont été visées. Pas de victime heureusement. La ville se prépare au pire.

Les avenues sont verrouillées par des check-points car l'ennemi ne va pas tarder. Des habitants commencent à fuir vers la Moldavie, la Roumanie.

Pendant ce temps, fort heureusement, des enfants sereins jouent dans les caves, sans se rendre compte de ce qui se passe.

Il y a de plus en plus d'alertes et des gens se réfugient dans les parkings souterrains.

On aperçoit les navires russes depuis la plage et les habitants redoutent un débarquement. Ils se protègent avec des sacs de sable.

À Mikolaïv, ville portuaire du sud de l'Ukraine, tout est détruit et on recherche toujours des survivants.

Les Russes convoitent les accès à toute la mer Noire et l'Ukraine aura d'importants problèmes pour l'acheminement de ses approvisionnements par cette mer. Le contrôle se fait déjà, les Ukrainiens n'ont déjà plus d'accès à cette mer.

Les Russes continuent à frapper les points stratégiques.

Les troupes russes vont mettre l'accent sur l'Est : Izium, Severodonetsk…

Le président Zelensky dit que Moscou crée un véritable génocide sur l'Ukraine.

Philippe Juvin, Chef des Urgences de l'Hôpital Pompidou à Paris, est sur place en Ukraine pour enseigner les gestes d'urgence, former ceux qui sont sur les fronts, car des gens meurent si on n'intervient pas à temps.

4 avril 2022, 40ᵉ jour de combat

Des sanctions supplémentaires sont décidées :

– Des diplomates chargés du renseignement russe vont être expulsés de différents pays européens dont 35 de la France (a priori des espions) ;

– L'Estonie, la Lituanie et la Lettonie ont stoppé leurs approvisionnements en gaz russe ;

– La question d'un embargo plus large sur le gaz va être discutée au niveau de l'U.E. mercredi où d'autres sanctions vont être envisagées. 19 milliards d'euros ont été payés par l'Europe à la Russie pour le gaz depuis le début de l'année ;

– Il pourrait y avoir un embargo sur le charbon (4 milliards d'euros par an).

V. Poutine félicite V. Orban qui vient d'être réélu en Hongrie. On sait qu'ils ont des affinités !

Toute la journée, les débats télévisés tournent autour des sanctions, de l'horreur de Boutcha, de l'enquête à mener pour dénoncer les crimes de guerre, des habitants du Donbass qui commencent à fuir leurs villes sachant que les Russes renforcent leurs actions sur cette région (environ 2000 civils quittent le Donbass chaque jour, il y a environ 700 000 habitants dans cette région).

5 avril 2022, 41ᵉ jour de guerre

V. Poutine menace l'occident de sanctions suite aux sanctions qui lui sont imposées.

Il déclare que la Russie se prépare à prendre le contrôle du Donbass.

Dans une conférence de presse, il rassure les Russes en leur disant qu'il y aura davantage de produits agricoles qu'il en faut pour leur consommation, qu'il pourra en fournir à d'autres pays en surveillant cependant l'exportation des céréales vers les pays hostiles.

Ce matin, à l'est, une école à Kramatorsk a été bombardée ainsi qu'une partie des voies de circulation.

Des centaines de civils fuient et attendent les trains.

Après le « génocide » de Boutcha, le président Zelensky veut s'exprimer devant le Conseil de sécurité de l'ONU. V. Poutine a demandé qu'il se réunisse pour dénoncer les accusations de crimes de l'Ukraine – 410 victimes déjà retrouvées autour de Kiev suite à l'occupation russe –.

Il n'y a pas qu'à Boutcha que l'on constate des crimes de guerre, il y en a dans différentes villes d'Ukraine.

Plaidoyer de V. Zelensky auprès du Conseil de Sécurité réuni à New York et où un représentant russe est présent :

« Cher Secrétaire Général, Mesdames, Messieurs, merci pour cette possibilité de parler. J'espère que tous vont pouvoir m'entendre. À Boutcha, les Russes ont pratiqué des exécutions en frappant aux portes des civils qu'ils ont torturés, également dans les rues où d'autres ont été écrasés dans leurs voitures par plaisir. Des parents ont assisté à ces crimes, des enfants ont assisté à ces exécutions. Des langues ont été arrachées par un pays membre du Conseil de Sécurité. Ils violent le droit international, sèment des discours de violence ethnique, tuent des civils, détruisent les villes, laissent des fosses communes, répandent des discours de propagande alarmistes... Où est la paix au nom de laquelle a été créée l'ONU ? Qu'est-ce qui a été fait à Boutcha ? Nous attendons de constater ce qui a été fait ailleurs, dans d'autres villes.

L'article 1 de la charte de l'ONU dit : soutenir la paix. Des membres fondateurs de l'ONU violent cet article 1er. Les pires crimes de guerre depuis la Seconde Guerre mondiale, sont effectués de manière délibérée. On bombarde même les arbres pour massacrer le plus grand nombre de civils depuis 41 jours. On va apprendre d'autres "Boutcha". Nous savons quelle est l'attitude des Russes :

– Désinformation,

– Accusations,

– Diversions disant que nous avons organisé des scènes de crime.

Nous avons la possibilité d'apporter des preuves pour que toute la vérité soit faite.

Tous les membres de l'ONU ont intérêt à traduire en justice le plus grand criminel de la planète. C'est le gage que tous les criminels seront punis. La Russie veut accaparer nos richesses. Ils ont enlevé deux mille civils. Ils pillent tous les magasins, arrachent les boucles d'oreille des femmes, les violent, les tuent. Vous devez faire tout votre possible pour protéger la sécurité. C'est aujourd'hui qu'il faut remettre en force les fondamentaux de l'ONU, forcer l'agresseur à la paix, le condamner pour tous les crimes déjà commis dans d'autres pays. Le monde peut changer. Qu'il n'y ait plus de guerre dans mon pays ! On a fermé les yeux sur l'annexion de la Crimée, la guerre dans le Donbass, la Transnistrie... Tous ceux qui ont donné des ordres criminels doivent être traduits devant les tribunaux comme à Nuremberg. C'est pour cela qu'existe l'ONU ! Kiev doit être le lieu où un nouvel ordre international soit établi. Aujourd'hui dépend ce que l'on va transmettre aux générations futures. Aurons-nous une justice punitive ? Nous ne devons pas dépendre d'une ambition personnelle ! L'humanité aspire à la justice !

Grâce à nos efforts, nous avons pu évacuer des milliers de personnes. Nous avons été un membre actif de l'ONU pour un monde plus sécurisé, plus fiable. Nous avons besoin des décisions importantes du Conseil de Sécurité. Vous pouvez évincer la Russie de vote de la Commission. Sinon, une autre solution serait une autodissolution de l'organisation. Le monde entier a besoin de la paix !

Grâce à cette vidéo (de Boutcha), vous allez voir ce que la décision d'un seul homme montre. »

Vassili Nebenza, représentant de la Russie à l'ONU, répond au président Zelensky :

« Il ne s'agit pas de kidnapper des gens pour les transporter en Russie. Des vidéos le prouvent. Je voudrais profiter de la présence de V. Zelensky pour dire : nous laissons sur votre conscience ce que vous affirmez, non confirmé par les habitants. Beaucoup d'espoirs ont été suscités sur vos promesses auprès de la population russophone s'attendant à une protection. Nous pensions que Maïdan était devenu du passé. Au mépris, vous appelez les gens du Donbass, comme votre prédécesseur, à mourir sur le sol à 40 % russophone. Aujourd'hui, nous entendons des missiles et explosions dans toutes les régions d'Ukraine car il n'y a pas d'autre solution pour vous obliger à respecter la paix, à respecter les accords de Minsk. Vous dites qu'il n'y a pas de nazis. Comment le croire alors que vous êtes responsable de massacres de Russes, de juifs ? Beaucoup chez vous se saluent avec le salut nazi, particulièrement présent dans les bataillons. Nous avons aujourd'hui entendu beaucoup de mensonges. Nous avons des vidéos montrant ces mensonges. Tout ce que les Ukrainiens dénoncent, ces vidéos le dénoncent en l'attribuant aux Ukrainiens (tortures, viols, pillages. ; utilisant les habitants comme boucliers humains ; on voit un tank ukrainien tirant sur le théâtre de Marioupol...). Les Ukrainiens accusent les Russes de tous ces crimes, ce qui n'est pas possible. Il y a aussi des mises en scène dans les villages. Nous avons fait une erreur de quitter ces villages. Il y a des vidéos de troupes russes en train de quitter la ville et il n'y a aucun cadavre ; aucune preuve n'est apportée sur les dates. Seuls les partenaires occidentaux veulent croire ce qui les intéresse. L'Occident s'efforce de prolonger le conflit en fournissant des armes.

Nous sommes venus chez vous non pas pour apporter la paix mais pour nous débarrasser de ces métastases nazies. C'est notre objectif. Nous ne frappons jamais sur les objectifs civils, c'est pourquoi nous avançons lentement. Les nazis peuvent sacrifier leur population pour leurs intérêts politiques. »

« V. Zelensky a voulu renverser la situation. »

V. Poutine accuse les Ukrainiens de les accuser. V. Zelensky montre la réalité.

La Russie dément les crimes et pendant ce temps, les journalistes ukrainiens et étrangers récoltent les témoignages de survivants.

Les habitants du Donbass partent vers Dnipro pour fuir le Donbass où il y a trop de bombardements. Il est évident que des centaines de milliers de civils vont souffrir de cette nouvelle offensive.

Le Ministre ukrainien des Affaires étrangères est persuadé que les Ukrainiens gagneront cette guerre. Il n'est pas d'accord pour que ce soient toujours les Ukrainiens qui fassent des concessions. Le Donbass fait partie de l'Ukraine, état souverain.

Cependant, il craint que l'Armée ukrainienne soit écrasée par les forces russes et demande un appui soutenu de l'Occident. Le nord du Donbass sera sans doute une bataille décisive. Des tanks ont été promis par les Occidentaux, par la Tchéquie notamment mais Il leur faut aussi des outils antiaériens.

La Chine ne veut pas se désolidariser de la Russie. Elle s'entraîne à des manœuvres avec les Russes.

6 avril 2022, 42ᵉ jour de combat

Vitaly Kim, le gouverneur de la région de Mikolaïv, est interrogé sur BFMTV, il dit que les troupes russes utilisent des lance-roquettes multiples, bombes à sous-munitions dangereuses car elles visent n'importe où. Trois hôpitaux ont déjà été bombardés. Les gens qui le veulent peuvent partir mais les routes sont incertaines. Il nous demande de « ne pas tarder car le temps est précieux » « aidez-nous au maximum avec les armes ».

Le problème est que les forces ukrainiennes ne connaissent pas les armes de l'occident et doivent être formées.

On découvre que Borodianka, ville située à 50kms au nord-ouest de Kiev est complètement détruite. Dans les rues, des fragments d'êtres humains, des munitions par centaines, deux cents victimes repérées mais de nombreuses victimes non encore retrouvées. Des habitants témoignent : « Ils visaient de leurs tanks sur le haut des maisons ; on a enterré des dizaines de corps, dont des enfants, il y a quelques jours seulement. »

Des mines sont retrouvées sur les territoires repris aux Russes. Ces terrains doivent être déminés avant d'y retourner ; il y a 80 000 km2 à déminer.

À propos du massacre de Boutcha, V. Poutine déclare : « Il s'agit d'une provocation grossière de l'Ukraine ; les Ukrainiens ont tué les civils eux-mêmes après le départ des Russes. »

Boutcha est une ville symbole mais on pourra constater des crimes de ce genre dans beaucoup d'autres villes.

Les enquêteurs sur place ont pu découvrir qui est le « boucher » de Boutcha. Il faut maintenant savoir s'il a commis des actes de barbarie de sa propre volonté ou s'il a reçu des ordres.

On compte 52 centres de soins ciblés en Ukraine. Un médecin anciennement basé à Alep dit que les mêmes pratiques ont eu lieu à Alep.

Les Russes veulent exterminer tout un peuple sous prétexte de le « dénazifier ». Qu'est-ce que cela signifie ? Rayer l'Ukraine de la carte ? Si l'on se réfère à sa signification du temps d'Hitler, qui ressemble à un nazi ? V. Poutine, l'agresseur et ceux qui le suivent ou V. Zelensky et ceux qui se défendent pour sauver leur pays ?

Il semblerait qu'il y ait déjà eu 10 000 soldats russes morts depuis le début de cette guerre.

4 250 000 Ukrainiens ont déjà fui leur pays. La Grèce en a accueilli 17 000.

À Marioupol, encore environ 120 000 personnes sont encore bloquées. Des civils tentent de sortir par leurs propres moyens, risquant leur vie.

Une journaliste ukrainienne, bénévole d'une ONG, est allée sur le front : la ville semblait vide, seule une femme ramassait des morceaux de verre pour que les animaux ne se blessent pas. Les gens se terrent dans les caves

Alexandre Melnik, professeur de géopolitique à l'I C N Business School et ancien diplomate à Moscou dénonce : « Comment pouvons-nous rester indifférents ? On peut vendre des armes offensives, il faut se dépêcher. »

Le Dirigeant hongrois, Vicktor Orban, a demandé à V. Poutine un cessez-le-feu, ce à quoi V. Poutine a répondu « oui à certaines conditions ». Par contre, V. Orban accepte de payer le gaz russe en roubles. Pas la première fois qu'il se singularise !

L'Inde, quant à elle, a signé un contrat avec la Russie visant à lui racheter le gaz que l'Europe ne prendra pas. Il en est de même de la part de la Chine ; à noter qu'actuellement l'Europe achète 90 % du gaz russe.

Les sanctions économiques décidées contre la Russie manquent d'efficacité à cause des accords que la Russie prend avec l'Inde et la Chine.

V. Zelensky dit que les sanctions mises en place ne sont pas à la hauteur de ce qui se passe en Ukraine.

Il n'y a pas de position commune quant à l'importation du gaz russe. Les Allemands ne sont pas prêts à mettre en péril leur système industriel. Un député ukrainien incite les Européens à prendre des décisions individuelles.

7 avril 2022, 43ᵉ jour de guerre

À Borodyanka, près de Kiev, autre ville dévastée, on recherche les corps des tués. Les Russes ont empêché les habitants survivants de les rechercher pour les enterrer après leur mort.

Dans l'Est, tous les habitants sont appelés à fuir car les forces ukrainiennes s'attendent à une sévère et meurtrière attaque. Lorsque les Russes auront commencé l'attaque, il ne sera plus possible de partir. L'objectif est d'évacuer 60 à 80 % de la population du Donbass.

Le président du Conseil européen demande aux soldats russes de baisser les armes, de quitter les champs de bataille.

L'ambassadeur de Russie à Paris a été convoqué au Quai d'Orsay afin d'être interrogé sur différents points, notamment sur Boutcha. Il s'est contenté de reprendre la remarque de V. Poutine : « Il s'agit d'une provocation. » Puis il est retourné à l'Ambassade sans autres commentaires, qualifiant ce qui s'est passé de « plateau de tournage ».

Il est évident qu'il mérite d'être expulsé.

V. Poutine accuse les Ukrainiens de revenir sur les propositions faites lors des pourparlers en Turquie. Or, nous n'avons pas eu d'échos de ce qu'ont été ces pourparlers, du détail des propositions.

Il ajoute que les sanctions décidées en ce qui concerne ses deux filles rendront encore plus difficiles les négociations.

À Bruxelles, lors de la réunion des Ministres des Affaires Étrangères de l'OTAN, le Ministre des Affaires Étrangères de l'Ukraine fait trois demandes : « DES ARMES, DES ARMES, DES ARMES ».

V. Poutine est exclu du Conseil des Droits de l'Homme de l'ONU. L'Ukraine en est reconnaissante.

La présidente de l'U.E., madame Von Der Leyen, se rend à Kiev demain, visite symbolique de « soutien indéfectible ».

Le G7 annonce d'autres sanctions économiques et financières.

Le Kremlin dit qu'il continuera à « défendre ses intérêts par tous les moyens légaux ».

Loulia Timochenko, ancienne première ministre ukrainienne, de 2005 à 2007 puis en 2010, pense que la limite a été franchie et qu'on ne peut plus résoudre le problème par la voie diplomatique car Poutine ne comprend que la force et il ira plus loin (pays baltes...). Elle répète ce que tous disent : « l'Ukraine a besoin d'armes maintenant ».

Marie Mendras, Chercheuse au CNRS, Professeur à Sciences Po Paris, rappelle qu'il y a agression et que nous ne sommes pas des cobelligérants ; donc, pourquoi pas permettre à l'Ukraine de mieux se défendre ; il faut arrêter de culpabiliser et répondre à la demande d'aider à sécuriser l'espace aérien.

Chaque État est souverain de son espace aérien.

Elle est d'avis aussi qu'il faut retirer à la Russie la possibilité de faire partie du Conseil de Sécurité de l'ONU car elle a le pouvoir de donner un veto à une décision de donner à un pays agressé la possibilité de se défendre...

Guy Verhofstadt, Ministre belge, s'insurge contre les hésitations de l'U.E.

8 avril 2022, 44ᵉ jour de guerre

Un tir sur la gare de Kramatorsk où des centaines de civils tentent de fuir l'Est de l'Ukraine a fait 50 morts, dont 5 enfants, et une centaine de blessés.

Le propulseur du missile qui a atterri au sol sans se détruire complètement laisse apparaître en grosses lettres des mots en russe disant que ce tir était destiné à « venger leurs enfants » (des soldats), peut-être suite à un missile lancé le 14 mars à Donetsk par les Ukrainiens.

112

De l'avis de beaucoup, le fait de tirer sur des civils fuyant la guerre ne serait pas seulement un crime de guerre mais un crime contre l'humanité. Encore une fois, les Russes n'hésitent pas à tirer sur les civils. Kramatorsk n'était pas une ville en guerre. Il s'agissait seulement d'un endroit où les civils pouvaient être évacués.

Des bus ont donc remplacé les trains partant de différents endroits afin de permettre aux civils d'aller vers l'ouest.

Moscou accuse l'Ukraine d'avoir délibérément tiré sur les civils à la gare de Kramatorsk.

À Boutcha, les habitants ont enterré une centaine de civils ici ou là (tranchées, jardins...), ne pouvant pas aller plus loin. Aujourd'hui, ces cadavres sont déterrés pour être inhumés dans le cimetière. En les sortant, on peut constater de quelle manière ils ont été tués (balles au niveau du cœur par exemple...).

À Borodyanka, lors des frappes sur plusieurs immeubles de nuit, les habitants ont fui dans les sous-sols mais se sont retrouvés sous des décombres de plusieurs mètres. Les soldats russes interdisaient alors aux habitants d'aller les secourir.

Les deux filles de V. Poutine sont officiellement sanctionnées par l'U.E.

Un couvre-feu aura lieu à Odessa de samedi à lundi matin.

La présidente de l'U.E. a rencontré le président Zelensky aujourd'hui. Geste symbolique, elle a remis un formulaire d'adhésion à l'U.E. au président Zelensky disant « l'Ukraine appartient à la famille européenne » ; cependant, il faut rappeler que les critères nécessaires à l'adhésion doivent être réunis pour que le dossier puisse aboutir.

Selon E. Macron, sachant que le 9 mai les Russes fêtent la victoire de la fin de la Seconde Guerre mondiale, il leur faut encore une victoire et on ne peut donc pas s'attendre à une évolution diplomatique d'ici là.

Le président Zelensky dit que l'on peut encore envisager des pourparlers pour aboutir à des accords de paix.

9 avril 2022, 45ᵉ jour de guerre

Boris Johnson rend visite ce jour à V. Zelensky en vertu du soutien indéfectible de la Grande-Bretagne à l'Ukraine. Ils ont parlé de nouvelles armes, missiles, véhicules blindés nécessaires pour aider les soldats ukrainiens.

L'embargo sur le charbon russe a été décidé à l'U.E. ainsi que la fermeture des ports européens aux navires russes.

Inquiétant : un sondage donnerait 83 % de Russes favorables à V. Poutine.

10 avril 2022, 46ᵉ jour de combat

Un nouveau bombardement a complètement détruit l'aéroport de DNIPRO.

Une collecte organisée pour l'Ukraine, annoncée par la présidente de l'U.E., aurait réuni dix milliards d'euros.

11 avril, 47ᵉ jour de guerre

Un sixième train de sanctions sera décidé aujourd'hui.

La Société générale a décidé de cesser ses activités en Russie.

Interviewé par BFMTV, le président Macron dit « je suis prêt à aller à Kiev, si c'est utile ».

Les prorusses disent avoir pris le contrôle du Port de Marioupol et le président Zelensky continue de demander du matériel lourd. L'Allemagne serait OK.

L'U.E. n'est toujours pas d'accord pour un embargo sur le pétrole russe.

Le chancelier autrichien exige une discussion ouverte avec la Russie.

Plus aucune céréale ne peut sortir des ports de la mer Noire et certains pays d'Afrique vont le ressentir.

Certains habitants du Donbass refusent de partir, notamment de Severodonetsk, ville que les Russes veulent conquérir. Ils restent dans les sous-sols et dans les abris alors que les soldats russes pilonnent la ville.

Dans le nord de Tchernihiv, à Ribki, la ville est libérée par les habitants. Ils ont participé à une manifestation devant 2000 soldats russes et leur ont dit qu'ils n'avaient pas besoin d'eux.

Les forces sont parties de là après un mois d'occupation.

12 avril 2022, 48ᵉ jour de guerre

À ce jour, on compte 1222 morts dans la région de Kiev.

Plus de 5000 enquêtes ont été ouvertes pour crimes de guerre.

Des gendarmes volontaires français enquêtent pour :

− Identifier les victimes (ils ont amené un laboratoire ambulant et vérifient l'ADN sur place),

− Déterminer les causes des décès,

− S'intéresser aux scènes de crime.

Des experts dans ces domaines interviennent afin de répondre aux questions techniques des procureurs ukrainiens de Kiev et les rapports scientifiques leur seront remis. Ces experts ne se prononceront pas sur la question « est-ce un crime de guerre ou non ».

Il y aurait des soupçons d'utilisation d'armes chimiques à Marioupol. Des chars russes circulent partout et il s'agit probablement des derniers jours de combat sur cette ville.

Six autres diplomates russes soupçonnés d'espionnage viennent d'être expulsés de France.

13 avril 2022, 49ᵉ jour de guerre

V. Zelensky n'accueille pas bien le refus d'E. Macron de dénoncer un « génocide » en Ukraine » par l'armée russe.

Joe Biden fait le constant qu'il « est de plus en plus clair que Poutine essaie simplement d'effacer l'idée même de pouvoir être un Ukrainien ». Il annonce le déblocage de 800 millions de dollars pour l'Ukraine.

Moscou interdit son territoire à 398 membres du Congrès des États-Unis en représailles d'une mesure similaire prise par Washington le 24 mars.

14 avril 2022, 50ᵉ jour de guerre

Hier, le navire russe Moskva a été bombardé et c'est une lourde perte pour Moscou. Suite à « une explosion de munitions à bord » selon Moscou, consécutive à un incendie. Kiev a affirmé que le croiseur a été atteint par des missiles ukrainiens. Cela aurait des conséquences sur les capacités de combat de la Russie selon le Pentagone.

L'ambassade de France en Ukraine qui avait été transférée à Lviv est de retour à Kiev.

Un échange de 30 prisonniers a été acté entre Kiev et Moscou.

Le gouverneur d'une région russe accuse l'Ukraine d'avoir bombardé deux villages russes ce que dément l'Ukraine.

15 avril 2022, 51ᵉ jour de guerre

Selon l'ambassadeur d'Ukraine en France, un bateau russe, le Moskva, basé dans la mer Noire, a bien coulé, visé par des missiles ukrainiens. Il ne possède pas encore le rapport de l'État-Major ukrainien et ne peut en dire davantage mais, selon un responsable militaire ukrainien, l'équipage n'aurait pas pu être sauvé.

Aujourd'hui, il y a eu des frappes russes sur Kiev.

La Russie accuse l'Ukraine d'avoir ciblé des sites russes, ce qui semble être un prétexte à escalade.

Compte tenu des revers subis depuis le début de la guerre, on peut s'attendre à des menaces nucléaires (?). On ne peut rien exclure.

L'ambassade de France est cependant maintenant retournée à Kiev.

Les relations entre E. Macron et V. Zelensky se sont un peu rafraîchies car E. Macron n'a pas voulu, contrairement aux États-Unis par exemple, qualifier les crimes de guerre de « génocide ».

La ville de Marioupol tient encore mais pendant combien de temps ?

La ville de Kharkiv attend toujours les armes lourdes promises.

Izium est tombée aux mains des Russes, il y a quelques jours.

Les Russes affirment avoir tué une trentaine de « mercenaires polonais ».

La Finlande dépose sa candidature à l'OTAN. Moscou avertit la Suède et la Norvège du fait que s'ils veulent intégrer l'OTAN, il y aura des conséquences pour eux.

À Belgrade, les exilés de Poutine sont accueillis sans visa et sans ostracisme et ils observent, impuissants, le soutien de certains Serbes au régime de Poutine.

16 avril 2022, 52e jour de guerre

Kharkiv est toujours bombardée.

Marioupol n'est toujours pas tombée. La brigade AZOV fait face aux troupes russes ; elle défend l'Ukraine (dans le Donbass) depuis 2014 avec courage.

17 avril 2022, 53ᵉ jour de guerre

En Serbie, des milliers de manifestants ultranationalistes, prorusses, propoutine et antiOTAN manifestent à Belgrade pour marquer leur mécontentement face à la prise de distance de leur président Aleksandar Vucic avec le Kremlin depuis l'invasion de l'Ukraine. Ils ont entonné des hymnes à la gloire des deux pays « frères ». Ce président vient d'être réélu le 3 avril 2022 !

Il faut dire que la Serbie dépend presque totalement du gaz et du pétrole russes.

18 avril 2022, 54ᵉ jour de guerre

Aujourd'hui, Lviv a reçu 5 puissantes frappes russes (dans le quartier de la gare où transitent les livraisons de matériel et les départs d'Ukrainiens).

À Marioupol, l'armée ukrainienne contrôle encore 20 à 25 % du territoire. Le maire adjoint de cette ville dit que « nous devons stopper la Russie avant que la guerre ne se propage sur l'Europe ».

Le Premier ministre ukrainien, Denys Chmygal, assure que la résistance continuera à Marioupol : « les militaires combattront jusqu'au bout » tandis que les Russes disent : « tous ceux qui auront abandonné les armes auront la vie sauve ». Des personnes âgées, des femmes et des bébés sont toujours retranchés dans le complexe Azovstal.

Le Maire de Sloviansk, tout comme V. Zelensky, est d'accord sur le fait que la Russie veut détruire le Donbass mais ajoute-t-il : « tout sera fait pour défendre cette région jusqu'au bout ».

À Kramatorsk, l'armée ukrainienne se prépare à une guerre de tranchées.

Le président Zelensky invite le président Macron à venir en Ukraine afin de lui montrer qu'il y a bien un génocide mais E. Macron est en pleine campagne présidentielle et n'est pas prêt à faire ce déplacement.

19 avril 2022, 55ᵉ jour de guerre

La Russie demande aux soldats ukrainiens de « cesser leur résistance insensée » à Marioupol.

L'offensive de l'armée russe dans l'Est est commencée et la bataille du Donbass s'est intensifiée dans la nuit avec de nombreux tirs. Les Russes détruisent tout : hôpitaux, maternités, écoles… Dans les villes et les villages, des corps gisent, déchiquetés dit le Gouverneur de Louhansk. Cependant, les Ukrainiens veulent « tenir » et « gagner » alors que la philosophie du Kremlin est de faire régner la terreur en créant un tapis de bombes afin de faciliter les avancées des batailles de rues.

À 70 kms au-dessus de Kramatorsk, à la ligne de front nord, tandis que les combats s'intensifient, de plus en plus de civils essaient de fuir cette guerre.

76 bataillons russes sont engagés dans l'offensive.

V. Poutine vient de décerner un titre honorifique à la 64ᵉ brigade russe dirigée par le « boucher de Boutcha » alors qu'elle est accusée par les Ukrainiens des pires atrocités (meurtres, viols…).

À 15 h 45, au cours d'une réunion organisée à l'initiative de Joe Biden, des décisions seront prises à propos de ce qui doit être fait en plus des sanctions déjà en place.

À Dnipro, les Ukrainiens affirment avoir trouvé plus de 1500 corps de soldats russes morts qu'ils ont stockés dans des camions réfrigérés. Ils ont proposé que les mères des soldats russes viennent identifier leurs corps (des prélèvements d'ADN doivent permettre de le faire).

V. Porochenko dit qu'il faut combattre jusqu'à la victoire.
V. Poutine dit que l'Occident fait durer le conflit.

20 avril, 56ᵉ jour de guerre

Un face-à-face entre E. Macron et M. Le Pen monopolise les ondes.

21 avril, 57ᵉ jour de guerre

Nous rentrons de congés. On n'a pas été en mesure d'écouter les nouvelles mais, elles sont répétées chaque jour suivant et, en fait, c'est toujours la guerre, les atrocités, l'inconscience d'un seul homme complètement fou, complètement paranoïaque, complètement inhumain, entouré d'autres qui ont peur de perdre des avantages ou qui veulent se glorifier pour avoir participé à un acte insensé : de la barbarie pure et simple. Un groupe d'hommes « jouant », à l'abri dans un palace, la vie d'un peuple tout entier qui ne demande qu'à vivre sa vie dans la paix… Ces gens-là seront jugés un jour et devront payer, ce n'est pas possible autrement.

22 avril, 58ᵉ jour de guerre

L'Église orthodoxe ukrainienne demande à V. Poutine une trêve pour la Pâque Orthodoxe et de permettre l'ouverture d'un couloir humanitaire pour l'évacuation des civils de Marioupol. Peine perdue. Encore une fois : la réponse est un cœur de pierre.

S. Lavrov dit qu'il a des doutes sur la volonté des Ukrainiens d'entamer des négociations. Comment le faire sans cessez-le-feu et lorsque l'on constate que les atrocités continuent d'avoir lieu ? Qui en fait peut avoir des doutes. Et pourquoi des négociations alors que l'Ukraine est envahie. Des négociations pour prendre ce qui ne leur appartient pas !

On annonce que suite au naufrage du croiseur Moskva, il y aurait un mort et vingt-sept disparus ?

Aujourd'hui, un hôpital près de Kiev a reçu d'importantes frappes. Autour de Kiev, les terrains sont minés et il faudra des années pour déminer.

On compte 2500 à 3000 Ukrainiens tués depuis le début du conflit.

Des militaires se plaignent de difficultés respiratoires et d'odeurs bizarres qui pourraient laisser penser à l'utilisation d'armes chimiques (à vérifier).

Il y a plus de deux mille tonnes d'explosifs déversés chaque jour sur le Donbass, du côté de Severodonetsk.

Les évacuations vers la Russie sont des déportations forcées constate le président Zelensky.

Aujourd'hui, Les États-Unis débloquent à nouveau huit cents millions de dollars pour les Ukrainiens et l'on peut s'attendre à ce qu'ils prolongent les aides sur le long terme.
Paris annonce la livraison de canons Caesar.

23 avril 2022, 59ᵉ jour de guerre

Une Conférence de presse d'une durée de deux heures est organisée dans le métro de Kiev par le président Zelensky.

Le président Zelensky répond aux questions de journalistes venus du monde entier.

Voici quelques extraits que j'ai relevés :

– À propos d'un Nouvel Ordre International évoqué par V. Poutine : « Nous ne sommes pas membres de l'OTAN, même si je considère que c'était une erreur en 2008 de ne pas avoir intégré l'Ukraine dans l'OTAN. »

— Personne ne s'attendait à une telle résistance de l'Ukraine.

« Je suis sûr que l'opinion de tous les pays a déjà changé ; ils sont plus proches de nous alors qu'avant il y avait une proximité avec la Russie.

C'est une mission historique pour nous ; dans chaque époque, il y a la fin de l'histoire ; il faut repenser toutes les normes internationales ; l'Ukraine n'est plus en mesure d'exporter ses produits agricoles alors qu'elle était leader, sur le marché africain par exemple. Aujourd'hui, le commerce international est perturbé ; c'est la guerre dans le monde ; c'est le viol de l'humanité ; je vois qu'il faut défendre nos valeurs démocratiques et notre voix sera entendue ! »

— Qu'en est-il des nouvelles négociations en Turquie ?

« Ce n'est pas une question pour moi ; c'est pour l'autre Vladimir, Vladimir Poutine ; nous aimons beaucoup venir en Turquie mais, à la veille de Pâques, sept missiles ont été tirés sur la ville d'Odessa dont une sur une maison à plusieurs étages. Il y a eu 8 morts, dont un bébé et 18 à 20 blessés ! Comment on peut qualifier ces salauds ? Donc, on a tué ! Pas envie d'aller voir ces salauds au soleil turc ! C'est l'horreur totale ! Vous imaginez comment ils salissent tout ! C'est la barbarie totale ! Ils aimaient bien venir à Odessa goûter notre cuisine si bonne… »

Un journaliste argentin : Avez-vous des échanges avec le pape ?

« Concernant les messages du pape, nous savons à quel point c'est important ; il a condamné l'agression russe ; j'ai eu une entrevue avant la guerre avec le pape ; on a pu libérer un soldat indûment interné ; j'espère que le pape pourra intervenir pour faire libérer un couloir pour Marioupol ; l'Ukraine doit utiliser tous les canaux possibles et nous le prions pour faire en sorte qu'il puisse agir pour faire sortir tous les civils de Marioupol. »

— Vous avez créé une nouvelle institution en Ukraine, quelle est sa mission ?

« Sa principale mission : la reconstruction du pays, projet déjà proposé à Bruxelles ; des pourparlers ont eu lieu par exemple avec la Grande-Bretagne ; c'est un vaste projet de reconstruction. Il ne s'agit pas seulement des moyens financiers mais de l'expertise : nous comptons sur les meilleurs experts dans le domaine de l'architecture. Boris Johnson est prêt à s'occuper de Kiev, La Grèce de Mikolaïv... Différents pays sont prêts à prendre le "patronat" de ces projets... Ces projets vont renforcer nos liens. Ce sera l'apport des nations pour reconstruire la démocratie, des projets tournés vers l'avenir... »

La télévision grecque : Le nouveau plan des Russes est d'avancer vers le sud, vers la Transnistrie. Il y a des déportations vers la Russie de l'Est d'Ukraine, d'enfants ukrainiens...

« Il s'agit d'un phénomène d'ampleur ; aujourd'hui nous n'avons pas de chiffres exacts mais nous pensons que cinq cent mille Ukrainiens ont été déportés dont cinq mille enfants il y a une semaine. Cette incertitude à propos des chiffres est tragique ; vers la Transnistrie, nous recevons aussi ces nouvelles de la Russie : volonté de prendre le sud mais on va contrer leurs plans ; je vous le dis avec certitude ! »

Un journaliste italien : Dans deux jours, nous fêtons la journée de la Résistance à Mussolini.

« Les Ukrainiens ne connaissent pas la reddition ; nous l'avons déjà prouvé chaque jour ; c'est une politique nazie qu'ils mènent : viols... même des enfants... des bébés... ; un jour, dans les livres d'histoire, il y aura le mot "russino-fascisme russe " mot qui correspond à une réalité : la barbarie va entrer dans les livres d'histoire. Dans le monde entier, les enfants apprendront la date du début de l'agression et la date de la victoire. »

Radio-Algesira : Quel mécanisme pour juger les responsables de ces crimes ?

« Peu importe, c'est le résultat qui compte ; le lieu, peu importe ; ce sont les sentences qui sont importantes et nous travaillons déjà avec les spécialistes collecteurs français pour réunir les preuves ; les Espagnols aussi s'en occupent. Sur les nouvelles ambitions russes sur la Transnistrie, oui bien sûr il y a un risque. Ils ont déjà occupé tous les territoires ukrainiens du sud. Ce ne sont pas seulement des risques pour l'Ukraine ; c'est pour cela que nous avons besoin de négociations et de garanties de sécurité. Que veulent-ils faire de tout cet État ukrainien où tout le monde les haïe. On a déjà connu cela lorsque les nazies ont bu des coupes de champagne à Paris. Qu'ont-ils gagné ? Ils ont payé le tribut. Comment veulent-ils prendre d'autres territoires ? »

Journaliste suédois : À propos de la reconstruction, pourquoi choisir la Suède qui n'est pas membre de l'OTAN ?

« Les relations avec la Suède sont très bonnes et je lui suis reconnaissant du soutien qu'elle nous a donné. Nous avons fait appel à tous les états et la Suède a répondu à cet appel. C'est notre histoire commune de démocratie que nous voulons construire… »

Question d'X : Combien de temps faudra-t-il à la société russe pour prendre conscience ?

« Chaque personne qui cherche la vérité la trouve si on ne reste pas vautré sur un canapé en écoutant la propagande russe ; il faut tout simplement se remettre en question, casser la bulle de désinformation dans laquelle on se trouve ; de plus en plus de Russes apprendront la vérité. Ce sont eux qui ont choisi ces dirigeants ; c'est in fine leur responsabilité. Il faut avoir le courage de le reconnaître ; il faut que de plus en plus de gens manifestent et mettent fin à ce "jeu virtuel" ; qu'ils enlèvent les lunettes avec prisme tricolore et regardent le monde en face ! Il faut gouverner autrement. Aujourd'hui, ils tuent aussi les gens de leur nation en les envoyant faire la guerre en Ukraine.

Dès que nous aurons assez d'armes, nous allons reprendre les territoires que les Russes nous ont pris.

Les mots "Russie" et "confiance" sont devenus des antonymes.

Comme vous le voyez, je n'ai pas peur pour ma sécurité et mes gardes du corps non plus.

Si nos hommes sont tués à Marioupol, l'Ukraine se retirera de tout processus de négociation… »

Selon Sylvie Berman, ancienne ambassadrice de France en Russie, cette conférence de presse dans le métro de Kiev est un bel exercice…

À la question : « Est-ce que V. Poutine écoute cette conférence ? »

« Ceci n'est pas certain et de toute façon, tout ce qu'il entend est un mensonge. »

Certains semblent définir ce que les Russes entendent par « dénazifier ». Ce serait : « éliminer tout Ukrainien qui ne veut pas comprendre qu'il est Russe ».

Comme plusieurs, Sylvie Berman pense que le Kremlin est très ennuyé de ne rien avoir à présenter au peuple russe le 9 mai prochain car il leur faut une victoire. En préambule, les organisateurs de cette fête ont déjà demandé aux familles de défiler avec la photo de leur soldat mort ! Il est aussi intéressant de noter que la plus grande maison d'édition russe a reçu des instructions pour effacer le territoire ukrainien des livres de géographie russes…

À la question : « Faut-il continuer à négocier ? » Nadezda Kutepora, juriste en droits de l'homme, réfugiée politique russe, pense qu'il faut continuer à négocier car c'est « le propre des pays démocratiques ».

Dimanche, Antony Blinken, Chef de la diplomatie américaine, doit rendre visite à Kiev afin de rencontrer V. Zelensky.

À noter qu'à ce jour, 3,4 milliards de dollars d'aides ont déjà été apportés à l'Ukraine par les États-Unis depuis le début de la guerre ; plus 600 millions donnés avant le début de la guerre.

24 avril 2022, 60ᵉ jour de guerre en Ukraine

Nous votons et c'est E. Macron qui est réélu avec 58,54 % des voix contre M. Le Pen avec 41, 46 % des voix.

C'est la première fois depuis longtemps qu'un président en place est réélu. Étonnant car beaucoup l'ont critiqué. Il faut dire que l'on entend toujours davantage les voix de ceux qui s'opposent à tout et râlent tout le temps ; parfois, c'est justifié, parfois c'est exagéré. Il faut bien sûr faire la part des choses et chaque fois analyser de façon raisonnable les propositions qui sont faites : il y a ceux qui ne sont pas populaires car ils essaient de proposer des projets réalisables et il y a ceux qui vendent du rêve pour être élus à tout prix.

Il faut croire qu'il y a encore une majorité de gens raisonnables en France mais que faire avec ceux qui ne le sont pas et qui pensent qu'il suffit d'appuyer sur un bouton pour que la manne tombe ? Que faire avec ceux qui ne votent plus mais sont les premiers à râler et à aller faire du foin dans la rue dès qu'une réforme est proposée ? Il y a des gens qui ont réellement besoin d'être aidés et qui méritent de l'être mais il y en a d'autres qui sont franchement insupportables et qui se conduisent comme des irresponsables entraînant les autres dans leur folie, les réseaux sociaux aidant.

Enfin, souhaitons du courage à ceux qui veulent sincèrement œuvrer pour que la France se porte bien et pour que la paix règne dans le monde.

25 avril 2022, 61e jour de guerre en Ukraine

Sergueï Lavrov met en garde contre un danger réel de troisième guerre mondiale : « Le danger de 3e guerre mondiale est grave ; il est réel, on ne peut pas le sous-estimer. »

Il accuse l'Ukraine de « faire semblant de négocier ».

Michel Goya, consultant BFMTV, dit qu'il pourrait s'agir du fait que la Russie se sent agressée, dérangée en fait par le soutien important des États-Unis à l'Ukraine.

Il y a volonté de faire du chantage.

De son côté, V. Poutine fait la chasse aux agents doubles. Il semble qu'il soit de plus en plus paranoïaque donc il y a forcément une « taupe » dans son entourage.

Bizarrement, ces dernières semaines, certains oligarques russes ont disparu. Six ont été retrouvés sans vie avec la plupart du temps une lettre à leur côté revendiquant un acte de suicide ; plusieurs morts avec le même scénario environnant : homicide familial, femme et enfants tués et l'oligarque pendu ou mort en s'étant tiré une balle. Se sont-ils réellement suicidés ?

Il faut dire que les oligarques sont des pantins pour Poutine qui veut bien qu'ils s'enrichissent mais ne veut pas qu'ils se mêlent de politique. Ceux qui ont voulu en faire l'ont payé cher ! Poutine est le premier oligarque de Russie, le plus riche, celui qui a le pouvoir, celui qui décide !

Les villes de Kharkiv, Severodonetsk et Kramatorsk sont aujourd'hui les plus attaquées. Kramatorsk représente un enjeu important car considérée maintenant comme la ville principale du Donbass.

Zaporijia serait la prochaine cible des Russes et la ville s'y prépare.

26 avril 2022, 62ᵉ jour de guerre

Aujourd'hui, c'est le 36ᵉ anniversaire de la catastrophe de Tchernobyl (26 avril 1986). Le patron des énergies nucléaires sera sur place pour un contrôle et un suivi. L'Ingénieur en chef de la centrale montre à un responsable de BFMTV les dégâts laissés sur place par les soldats russes qui ont pris cette base le 24 février 2022, rappelant qu'ils ont été inconscients et sont repartis irradiés après avoir creusé la terre...

À Grigoriopol, en Transnistrie, région prorusse, une antenne de TV servant à la communication avec la Russie a été touchée par une explosion.

Personne n'a revendiqué cette frappe.

Un député ukrainien, à Paris, dit que c'est un signe pouvant laisser penser que la volonté de la Russie est d'aller plus loin : menace à la Moldavie et à l'Europe pour faire peur.

Il pense qu'E. Macron a un rôle important à jouer pour arrêter cette guerre et que la France est un partenaire clé pour l'Ukraine.

Il précise qu'il est en France pour participer à un Conseil de l'Europe à Strasbourg mais il veut aussi parler de la rénovation de l'Ukraine qui permettra à tous les réfugiés de revenir en Ukraine.

Il est persuadé que les Ukrainiens vont gagner la bataille du Donbass, les seules questions étant : combien de temps, combien de victimes ?

« Il est important de montrer à Poutine que le monde libre est capable d'arrêter les dictateurs comme lui. » « S'il sent que l'Occident est faible, il ira plus loin. ».

Aujourd'hui, une quarantaine de représentants de différents pays se réunissent en Allemagne en vue de pourparlers relatifs à l'aide en Ukraine.

Le samedi 30 avril 2022, à 15 h, un rassemblement de soutien à l'Ukraine aura lieu sur la place de la République, à Paris.

Des armes lourdes vont être fournies à l'Ukraine.

Les missiles à fléchettes utilisés à Boutcha par les Russes sont des armes très anciennes (à l'intérieur, il y a des clous) et sont normalement interdites car elles blessent sérieusement les civils. L'Occident ne fournira pas ce type d'armes à l'Ukraine.

Le Secrétaire de l'ONU, Antonio Guterres, est en réunion à Moscou avec Lavrov. Il veut régler la question des civils qui sont sous les bombes, entre autres.

V. Poutine le reçoit aussi et l'on observe à nouveau la scène du dialogue de deux partenaires étant lugubrement face à face chacun au bout d'une longue table blanche, V. Poutine le regard fuyant à l'allure de soviet, l'autre écoutant calmement.

V. P. semble accepter de prévoir un couloir humanitaire et donne un accord de principe à ce sujet. Cela fait déjà trois semaines que la Croix Rouge et les Nations Unies réclament ce couloir pour l'évacuation des civils de Marioupol et que les demandes sont sans effet. Si aujourd'hui, ils acceptent, les Russes vont-ils accepter que les civils aillent où ils veulent ? Rappelons que déjà 500 000 sont déportés en Russie.

L'Allemagne est maintenant prête à aider l'Ukraine pour la liberté et la paix.

Une question est dans l'air : en décembre 2022, les Russes fêteront le centième anniversaire de l'Union soviétique : voudront-ils retrouver cette union en créant des mini républiques autonomes ?

27 avril 2022, 63e jour de guerre

La Russie décrète qu'elle arrêtera ses livraisons de gaz à la Pologne et à la Bulgarie parce que ces États n'ont pas payé leurs factures en roubles comme elle l'exigeait.

Des solutions alternatives sont déjà en place, dit la Présidente de l'U.E.

Bruxelles annonce d'ailleurs un sixième paquet de sanctions envers la Russie.

En ce qui concerne les frappes non revendiquées en Transnistrie, république auto proclamée prorusse, située au nord-est de la Moldavie, laquelle réclame son indépendance depuis 1992 (la Moldavie ayant été proclamée indépendante en 1991, comme l'Ukraine), la Russie dit que c'est l'Ukraine qui a frappé mais l'Ukraine dit que c'est la Russie ! Plusieurs bâtiments officiels ont été touchés.

Le même scénario a eu lieu dans le Donbass depuis 2014 : les Russes ont dit que c'était l'Ukraine qui attaquait les prorusses de cette région ; or c'étaient des soldats russes infiltrés qui attaquaient !

Le résultat est que les habitants de la Transnistrie comme ceux de la Moldavie sont inquiets. Il y a 27 000 réfugiés ukrainiens en Transnistrie.

Les habitants de la Transnistrie avaient l'habitude d'aller au bord de la mer à Odessa. Ils espèrent la paix et l'indépendance et ont d'ailleurs réitéré leur demande de reconnaissance par l'ONU.

V. Poutine continue d'intimider le monde occidental et menace d'une riposte « foudroyante » tout pays qui se mêlera de la guerre en Ukraine.

Actuellement à Saint-Pétersbourg, enfin hors du Kremlin, il dit : « si un autre pays essaie d'interférer, il créera une menace géopolitique et devra savoir qu'il y aura une frappe de réponse rapide ».

Il dit « la guerre menée contre l'Ukraine ira à son terme ». Il précise qu'il possède des armes qui peuvent aller loin très rapidement (des missiles plus rapides).

Il dit que ce sont les Occidentaux qui ont transformé l'Ukraine en « anti-Russie » et semble dire que ce sont les Occidentaux qui veulent la guerre.

Comme à son habitude, il inverse les rôles !

28 avril 2022, 64e jour de guerre

Le Secrétaire général de l'ONU s'est rendu à Boutcha ce matin. Il est horrifié disant que ceci ne devrait pas exister au 21e siècle…

Après les visites effectuées sur les terrains de guerre dans les villes martyres de Boutcha, Irpin et autres, une conférence de presse d'une demi-heure a eu lieu. Juste à la fin, Kiev a été bombardée à environ 3km500 de la place Maïdan. Apparemment, c'est une usine d'armement qui était visée mais c'est un immeuble qui a été touché par l'explosion. Les secours sont en cours.

Y a-t-il un lien avec la visite du Secrétaire général de l'ONU ? V. Poutine veut montrer qu'il frappe où il veut, quand il le veut. Il est de plus en plus imprévisible et ne respecte aucune règle. Encore un autre crime de guerre !

Joe Biden souhaite débloquer une somme de 33 milliards de dollars, dont 20 milliards pour l'armement afin d'aider l'Ukraine à se défendre.

Il dit : « Nous n'attaquons pas la Russie, nous aidons l'Ukraine à se défendre... ; c'est la Russie qui a envahi l'Ukraine et c'est elle qui est responsable... » Ils ne sont donc pas cobelligérants. Pour répondre aux remarques de Lavrov, on peut dire que nous ne sommes pas en guerre contre la Russie et ne sommes donc pas dans une logique de troisième guerre mondiale.

Joe Biden propose d'utiliser les avoirs des oligarques russes pour compenser les pertes subies par l'Ukraine.

Un journaliste russe, Vladimir Soloviec, s'insurge sur la façon d'interpréter les faits par les journalistes étrangers « qui font de la propagande ». Il faut dire qu'il est devenu impossible de diffuser des nouvelles différentes de celles données par le Gouvernement russe.

Un autre journaliste russe ayant quitté la Russie essaie, lui, d'informer sur la réalité des faits. Il dit qu'il reviendra en Russie « après Poutine » parce que « C'est pas la guerre de la Russie, c'est la guerre de Poutine ».

V. Poutine, en place depuis 22 ans, a la nostalgie de l'URSS.

Après la Russie, la Chine sera peut-être une menace à considérer (?).

29 avril 2022, 65ᵉ jour de guerre

Nadia Dorofeeva, chanteuse et comédienne ukrainienne, est bannie de la Russie pour 50 ans. Elle nous fait part de son vécu depuis le début de la guerre en Ukraine. Elle est très fière du président Zelensky qu'elle a eu l'occasion de côtoyer...

Elle craint de voir les habitants s'habituer à cette guerre. Elle remercie la France de montrer comment vivent les Ukrainiens à cause de ce conflit.

À Kiev, suite à l'explosion d'hier qui a touché un immeuble de 25 étages, il y a eu un mort et dix blessés, dont quatre hospitalisés. D'autres bâtiments proches ont subi les effets de l'explosion. L'entreprise spatiale visée est en face du bâtiment détruit. Elle a déjà été visée par un missile russe.

Le Secrétaire de l'ONU dit qu'une enquête va être menée. Il regrette aussi que l'ONU n'ait pas réussi à empêcher cette guerre.

La Russie confirme cette frappe contre Kiev.

Paris condamne cette frappe « indiscriminée ».

Plus de cent personnes ont été tuées à Kiev depuis le début du conflit.

Un commando prêt à tuer V. Zelenski a pu être détruit grâce à l'info donnée par les Américains à ce sujet.

Cent mille réfugiés ukrainiens ont trouvé refuge dans un supermarché de Dnipro, venant principalement du Donbass, en transit en attendant des couloirs humanitaires.

Margerita Simonycn, Cheffe de la chaîne d'info russe RT, parle de la probabilité d'une guerre nucléaire. Certains parlent de « raser l'Europe » avec des missiles de 18 000 kms de portée. Il faudrait, disent-ils, 200 secondes pour détruire la France par exemple. Lavrov dit : « la Russie fait tout pour éviter une troisième guerre mondiale mais les risques sont inévitables... ».

Dix soldats russes, repérés suite aux massacres de Boutcha, sont mis en examen.

Un missile a touché hier la ville de Zaporijia en plein cœur d'un quartier résidentiel et l'explosion a fait 3 blessés.

Aucune zone n'est en sécurité actuellement, dit l'ambassadeur de France en Ukraine.

Les Russes préparent la fête de la victoire de l'URSS sur l'Allemagne du 9 mai 2022.

Nikolaï Kobliakov, président de l'association Russie Liberté, déplore le fait que la population russe soit désinformée : il y aurait pour eux une guerre contre l'OTAN mais pas contre l'Ukraine par exemple. Il s'agit de propagande mais aussi de censure de tous les médias autres que celui contrôlé par le gouvernement russe.

Un couloir humanitaire va-t-il ou non enfin être ouvert à Marioupol ? L'immense Usine Azovstal où sont réfugiés la plupart des derniers civils ainsi que le bataillon Azov, est un réseau hérité de l'ère soviétique. Il y a plusieurs étages en sous-sol et les quelque 2000 soldats et civils sont bien protégés mais le problème est qu'aucun ravitaillement ne peut leur être apporté.

À Severodonetsk, trente mille soldats russes s'avancent avec des combats violents

À noter qu'un avion russe a violé l'espace aérien de la Suède, ce que Stockholm a qualifié de « totalement inacceptable ».

30 avril 2022, 66ᵉ jour de guerre

Dans la banlieue de Kiev, à Brovari, les journalistes recueillent le témoignage d'une dame de 73 ans qui a passé près d'un mois dans une cave. Les Ukrainiens éprouvent le besoin de parler aux journalistes, de leur dire leur ressenti, leur colère, de leur raconter leur histoire.

À Kiev, la vie semble reprendre même si les check-points sont toujours en place.

180 villes autour de Kiev ont reçu des bombardements et de nombreux déminages sont en cours. Les habitants doivent être prudents.

À Zaporijia, il y a de la vie malgré la relative proximité de la ligne de front. Cependant, il y a eu des frappes en banlieue, à Orikhiv.

Dans un village proche de la ligne de front, les reporters ont constaté des frappes sur une école, une usine... Les rues sont désertes. Seuls les hommes et des personnes âgées sont restés dans la ville. Ils n'ont que l'aide humanitaire pour survivre.

À Odessa, une frappe contre l'aéroport a détruit la piste d'atterrissage.

Demain, c'est la fête des Morts en Ukraine et les gens vont aller visiter les tombes. Ils ont l'habitude de rester près des tombes et d'y prendre leur repas. Pour la sécurité, les cimetières fermeront à 14 h.
Et le couvre-feu aura lieu à 17 h. Certaines personnes sont venues sur leurs tombes aujourd'hui afin d'éviter les éventuels risques de bombardement demain.

E. Macron a confirmé une aide à V. Zelensky qui remercie la France.

À ce jour, il y a plus de 5,4 millions de réfugiés.

1er mai 2022, 67e jour de guerre

Environ 20 personnes (46 selon les Russes) ont pu être évacuées de Marioupol cette nuit, a priori vers Zaporijia. À noter qu'il y a 17 check-points pour y arriver mais on ne sait pas si ces personnes seront acheminées sur Zaporijia ou vers une zone occupée par les Russes.

À Kiev, Nancy Pelosi, Présidente de la Chambre des représentants des États-Unis, est venue rendre visite à V. Zelensky pour le soutenir, avec des messages d'encouragement et d'admiration pour le peuple ukrainien.

Dans le Donbass, selon un député ukrainien de Kramatorsk, la ville se prépare à l'attaque des Russes.

À Marioupol, il y a encore de nombreux civils dans les souterrains de l'usine d'Azovstal et dans certaines caves de la ville. Les médecins manquent de moyens pour soigner les malades. Une centaine de personnes ont pu être évacuées et devraient être acheminées sur Zaporijia.

2 mai 2022, 68ᵉ jour de guerre

En ce qui concerne les civils évacués de Marioupol, voici ce que dit le ministère russe : « Grâce à l'initiative du président russe Vladimir Poutine, 80 civils dont des femmes et des enfants, détenus par des nationalistes ukrainiens, ont été secourus du territoire de l'usine d'Azovstal de Marioupol, ont pu être évacués vers le village de Bezimennoie dans la République populaire de Donetsk sous contrôle russe où ils ont reçu un logement, de la nourriture et l'assistance médicale nécessaire. Les civils qui souhaitaient partir vers les zones contrôlées par le régime de Kiev ont été transférés à des représentants de l'ONU et du Comité International de la Croix Rouge », a ajouté le ministère.

Ce jour, les bombardements ont repris à Marioupol.

Pendant ce temps, les soldats russes concentrent leurs efforts dans les régions d'Izium et de Severodonetsk ainsi que dans la région de Kharkiv. 8 civils ont été tués dans ces régions, dont quatre dans la ville de Lyman, proche du front.

L'armée russe avance en essayant de prendre les villes ukrainiennes en étau afin de parvenir à ses fins.

Le Ministère de la défense russe a assuré avoir détruit samedi un aérodrome près d'Odessa : « un hangar avec des armes et des munitions reçues des États-Unis et de pays européens ».

Deux bateaux russes ont été coulés en mer Noire par un drone ukrainien (certains drones de combat ont été fournis par la Turquie...).

Au nord de Kherson, les militaires creusent des tranchées pour se mettre à l'abri.

Une nouvelle frappe ce soir sur la ville d'Odessa.

Un officier russe, Guerassimov, aurait été blessé près d'Izium. Il était censé réorganiser le front mais, selon les échos, il semblerait que V. Poutine puisse se passer de ses services. On ne sait pas où il se trouve maintenant d'ailleurs.

En août prochain, les 27 ne devraient plus acheter de charbon russe.

Progressivement, les pays européens n'achèteront plus de gaz russe, à part les Hongrois a priori.
Le gaz sera de toute façon payé en euros ou en dollars.

3 mai 2022, 69ᵉ jour de guerre

Une troisième frappe sur un pont d'Odessa et un immeuble avec encore des civils morts.
Les rescapés de Marioupol (101 personnes) arrivent enfin à Zaporijia suite à l'intervention de l'ONU auprès de V. Poutine mais les bombardements continuent sur la ville de Marioupol alors qu'il n'y a plus rien en surface. Les soldats d'Azovstal ne veulent pas se rendre. Il reste des civils dans les sous-sols d'Azovstal et dans d'autres caves.

À l'est, une usine de produits chimiques a été frappée : 7 morts et 18 blessés (les civils sortaient de l'usine).

Les Russes auraient à ce jour perdu 25 % de leurs troupes et 2883 véhicules dont 599 chars et 880 Jeeps ; en plus : 311 pièces d'artillerie, 114 aéronefs, 18 radars, 6 navires…

E. Macron s'est entretenu pendant plus de deux heures avec V. Poutine aujourd'hui, ce qu'il n'avait pas fait depuis fin mars, après la découverte des horreurs de Boutcha.

4 mai 2022, 70ᵉ jour de guerre

À Lviv, 19 tirs de missiles depuis la mer, dont 4 ont atteint trois stations électriques ; 9 ont été interceptées par les troupes ukrainiennes. À Zakarpatia, la ville est privée d'électricité mais les services de la ville fonctionnent et les réparations sont en cours pour rétablir l'électricité. À Lviv, les responsables de la ville s'étaient préparés à répondre aux situations d'urgence et s'étaient équipés de générateurs pour le pompage de l'eau notamment.

Aujourd'hui, aucun citoyen ukrainien n'est à l'abri. Depuis le début de cette guerre, plus de deux mille bombes ont été propulsées sur différentes parties du territoire ce qui confirme que les Occidentaux doivent continuer à les aider.

Kryvyïrith, la ville d'origine du président Zelensky, ville industrielle puissante, résiste et se prépare à de nouveaux combats.

À ce jour, 605 000 personnes ont été déportées en Russie, donc évacuées là-bas contre leur gré.

Le sixième train de sanctions prévoit d'exclure la plus grande banque de Russie des circuits.

Le porte-parole de l'Ambassade de Russie en France dit que lorsque Moscou dit : « 200 secondes suffisent pour que l'arme nucléaire détruise Paris », c'est un avertissement mais ce n'est pas une menace. « C'est la TV russe qui dit cela ; la France et la Grande-

Bretagne ne sont pas menacées ». On rappelle qu'il n'est pas question de « guerre » mais « d'opération militaire spéciale » !

Depuis deux jours, les soldats russes sont entrés dans le périmètre d'Azovstal et combattent en surface. Il s'agit de combat d'infanterie. La résistance est toujours présente et il y a des batailles sanglantes.

Demain, il devrait y avoir un nouveau couloir humanitaire pour l'évacuation de civils et la Russie annonce un cessez-le-feu de trois jours.

À Moscou, les défilés pour le 9 mai se préparent et on remarque notamment l'avion de « l'apocalypse » un Iliouchine 80 devant servir à maintenir la permanence de la direction stratégique en cas de guerre nucléaire, sorte de Kremlin volant ; celui-ci devrait être montré lors de la fête nationale du 9 mai. Il semble que les Russes prévoient aussi un défilé à Marioupol car, si l'information est bonne, ils s'affairent à nettoyer les rues des gravats et des corps de victimes.

Pendant ce temps, le président Zelensky fait un appel poignant pour que soient sauvés les blessés d'Azovstal.

5 mai 2022, 71ᵉ jour de guerre

Cette nuit, à Kramatorsk, des tirs ont visé une dizaine d'immeubles, deux écoles, une garderie… Une explosion barbare !

Une fois de plus, la promesse russe d'ouvrir des couloirs humanitaires à Marioupol n'a pas été tenue puisque les bombardements sont continus à Marioupol où la ville est pourtant déjà détruite à 95 %.

Un missile test a été envoyé aujourd'hui à Kaliningrad ; il s'agit d'un missile pouvant être muni d'une tête nucléaire. Le but ? Peut-être, montrer ce qui peut être fait afin de terroriser les Occidentaux ?

Il semble que face à V. Poutine, la position de chacun doit être ferme, au niveau des discours et des actes car, dès qu'il perçoit une faille, il s'y engouffre.

À noter que dans les discours russes, le mot « dénazification » ne ressort plus, leur volonté semblant plutôt de lutter contre l'occident.

6 mai 2022, 72ᵉ jour de guerre

Environ 350 personnes ont pu quitter Marioupol et ses environs (habitants hors réfugiés d'Azovstal), en direction de Zaporijia où ils sont chaleureusement accueillis.

La surface d'Azovstal est de 11 km2 et il est parfois difficile aux humanitaires de les sortir des sous-sols.

S. Lavrov précise : « aucune sanction ne peut briser notre volonté de défendre la vérité historique ». Quelle vérité historique ? La vérité, pour moi, c'est qu'ils ont attaqué et détruit un pays voisin, souverain, en vue d'acquérir leurs richesses, sans se soucier des horribles pertes humaines et des immenses souffrances qui s'en suivent !

Dimanche, une visioconférence avec les dirigeants du G7 et la participation de V. Zelensky aura lieu.

V. Orban (Hongrie) bloque l'embargo sur le gaz car, dit-il –, il lui faudrait 5 ans pour trouver des alternatives. On le sait pro-Poutine !

7 mai 2022, 73ᵉ jour de guerre

À l'est, en ligne de front, la ville de Bakhmout est sous le feu des missiles russes. Il en est de même pour la ville de Severodonetsk ainsi qu'à Kharkiv, une ancienne capitale de l'Ukraine.

À Slovorodyninka, un musée vient d'être détruit. Même la culture n'est pas respectée !

On peut s'attendre à un bombardement massif dans l'est à l'occasion de la cérémonie du 9 mai car V. Poutine est un jusqu'auboutiste et ne semble pas être dans un état d'esprit de perdant.

D'après le patron de la CIA, il semblerait que soient utilisées des armes nucléaires tactiques mais ce n'est pas vérifié.

À Azovstal, toutes les femmes, tous les enfants et toutes les personnes âgées en mesure de sortir du bunker ont été évacués. Certains sont trop malades a priori, d'autres sont morts et resteront dans ce bunker. Jusqu'à quand ?

8 mai 2022, 74ᵉ jour de guerre

C'est la fête nationale de la fin de la guerre de 1939-45 et chacun s'y prépare au niveau de chaque ville en France.

Une école a été bombardée cette nuit dans la région de Louhansk. Elle était occupée par des réfugiés civils pensant y être à l'abri. Le bilan est de 60 morts. 30 personnes ont pu être sauvées.

Cette nouvelle catastrophe est qualifiée de crime de guerre par J. Trudeau (Canada) en visite en Ukraine en ce moment et il est évident que c'est un crime de guerre.

Les Russes veulent semer la terreur et servir la propagande russe, leur faisant croire que ce sont les Ukrainiens qui pratiquent ces horreurs.

Une majorité de Russes ne veulent pas croire à cette réalité et restent fidèles à V. Poutine car, dans leur esprit, la TV ne peut pas donner de fausses informations.

9 mai 2022, 75ᵉ jour de guerre

Aujourd'hui, la date tant attendue pour la commémoration en Russie de la fin de la Seconde Guerre mondiale est arrivée et tous sont dans l'attente de ce qui va se passer, de ce qui va être annoncé par V. Poutine.

Voici quelques extraits de son discours qui ne s'adresse qu'au peuple russe :

« Le 9 mai est un symbole de notre triomphe. »

« Nous sommes les héritiers des vétérans qui ont combattu en 1945. »

« Aujourd'hui, vous vous battez également dans notre territoire pour notre patrie. »

« Nous voulons créer un système de sécurité dans notre pays. »

« La Russie était face à une menace absolument inacceptable. »

« Il faut tout faire pour empêcher l'horreur d'une guerre globale. »

« Nous allons soutenir les enfants des soldats russes morts sur le front. »

Il a aussi félicité les « alliés américains » qui ont aidé la Russie, précisant que maintenant la Russie était humiliée par la position prise en ce qui concerne l'Ukraine, que l'OTAN avait commencé la guerre en Ukraine en envahissant le Donbass, y compris la Crimée et qu'il fallait bien réagir... Il dit, à propos de l'OTAN :

« Ils ont préparé une invasion sur nos terres historiques ; tout montrait que cette attaque était imminente et c'était la seule solution possible pour une attaque imminente... »

On croit rêver en entendant ces paroles ! Il renverse la vapeur !

La cérémonie fastueuse mais courte n'a duré qu'une heure : discours de V. Poutine (10 min) et défilé sur la place rouge. Le défilé aérien n'a pas eu lieu, l'excuse semblant être que le ciel ne s'y prêtait pas (?). Plusieurs Ukrainiens interrogés ont déclaré n'avoir pas écouté ou visualisé cette cérémonie sachant que V. Poutine ment en permanence et qu'on ne peut pas lui faire confiance.

Les médias qui avaient fantasmé attendant des déclarations de sa part sont d'ailleurs restés sur leur faim.

De son côté, le président Zelensky a dit à son peuple (il n'était bien entendu pas présent à Moscou) :

« Je vous félicite, en ce jour de grande victoire, d'avoir défendu votre patrie. »

« Nous avons vaincu en 1945. Nous vaincrons maintenant. »

« Nous ne laisserons pas la Russie s'approprier la victoire sur le nazisme. »

Dans l'après-midi a eu lieu à Moscou le « défilé des immortels » : une marche en centre-ville des habitants brandissant la photo de leurs défunts morts lors de la Seconde Guerre mondiale.

La journée du 9 mai s'est terminée à Moscou par un feu d'artifice.

Pour les Ukrainiens, sur la place Maïdan, on constate qu'il s'agit d'une journée normale. Les habitants ressentent la menace des Russes, ne sachant pas ce que prévoit V. Poutine, l'imprévisible, mais ils veulent vivre normalement.

À Marioupol, des habitants (prorusses ou russes ?) ont défilé en tenant un immense drapeau noir et orange (symbole prorusse) et l'on constate une russification progressive de la ville : noms écrits en russe… en vue probablement de l'annexion prochaine de cette ville.

Selon Hélène Blanc, Politologue spécialiste du monde russe, V. Poutine n'avait « pas l'air aussi martial qu'à son habitude » ; « Il veut cependant montrer que c'est lui le patron ». Nous l'avons vu seul, entouré de vétérans mais son entourage politique était absent. Où était-il ?

Hélène Blanc ajoute :

« Il faut se souvenir du fait que c'est l'URSS qui a gagné la guerre en 1945, et non la Russie. »

20 à 25 millions sont morts dont 7 à 9 millions d'Ukrainiens et d'autres soldats de républiques soviétiques du moment.

Et maintenant, il veut éradiquer l'armée ukrainienne, « complètement nazie » ! La propagande russe fonctionne bien car comment peut-on croire une pareille excuse pour justifier l'invasion d'un peuple souverain, les massacres, les crimes de guerre, les génocides dans différentes villes ?

Les Ukrainiens interrogés disent qu'ils sont bien décidés à reprendre toutes les zones occupées par les Russes depuis le début de cette guerre.

« L'Île aux Serpents », par exemple, dans le sud, où l'on a constaté le début de l'offensive russe, île qui permet d'assurer le contrôle vers Odessa. Un espoir se dessine en ce sens.

À Marioupol, 100 à 130 000 civils répartis dans les caves hors Azovstal sont encore présents.

2000 soldats russes encerclent l'usine d'Azovstal. Les militaires ukrainiens refusent de capituler.

On remarque que des centaines d'Ukrainiens reviennent en Ukraine, à Zaporijia notamment et dans l'est, car ils ne peuvent plus supporter d'être réfugiés et de n'avoir pas de travail...

10 mai 2022, 76ᵉ jour de guerre

Hier à 22 h 30, un supermarché a été détruit à Odessa par des frappes de missiles russes ainsi que deux hôtels en bord de mer Noire plus une zone d'entrepôts où fort heureusement il n'y avait pas de militaires.

Le groupe Wagner, bras armé du Kremlin, offre des salaires attractifs (l'équivalent de plus de 3000 euros) aux candidats qui veulent rejoindre cette armée où la philosophie est de ne reculer devant rien. Les dirigeants n'ont aucun scrupule et les morts de ce groupe ne sont pas comptabilisés dans les pertes humaines dues à la guerre.

La Finlande se prépare à devenir autosuffisante en ce qui concerne ses stocks alimentaires. Elle cultive principalement l'avoine (elle en est le second exportateur) et elle invente des produits dérivés de cette céréale.

11 mai 2022, 77ᵉ jour de guerre

Petit à petit, les Ukrainiens reprennent le contrôle des villages situés au nord et au nord-est de Kharkiv.

12 mai 2022, 78ᵉ jour de guerre

Le procureur de Kharkiv réunit les faits constatés dans les parties reprises aux Russes en vue de les transmettre au Tribunal.

Il ne peut pas affirmer qu'il y ait eu la mise en place de crématorium pour brûler les corps d'Ukrainiens et il ne peut pas affirmer non plus que les soldats agissent suite à des ordres supérieurs car il est certain qu'il y a aussi des crimes de guerre commis suite à des initiatives individuelles de militaires. Par exemple : il a su qu'un soldat russe avait donné ordre à une femme ukrainienne de le suivre en la menaçant avec un couteau et qu'il l'avait violée pendant cinq heures. Il y a eu également, à l'initiative d'un seul homme, des tirs sur un village pacifique qui ont détruit une dizaine de maisons.

Il y a au moins trois éléments à considérer pour dénoncer un crime de guerre :

— Acte individuel,

— Dimension politique, ordre donné,

— Acte qui se passe dans un pays autre que le sien, dans un pays démocratique.

13 mai 2022, 79ᵉ jour de guerre

À Andriivka, petit village situé à 60 kms de Kiev, tout a été détruit.

Ce village vient d'être libéré de l'occupation russe. Les dégâts sont considérables.

Sur 2000 habitants, il n'en reste que 700.

Des habitants ont été tués sans raison, de façon barbare : au moins 39 personnes repérées.

Il est évident que dans de plus en plus de villages ou de villes reprises des ravages de ce genre seront constatés.

Ce qui est difficile à supporter c'est que ce sont principalement les écoles et les hôpitaux qui sont ciblés : 570 établissements de santé, dont 40 hôpitaux, et 89 écoles à ce jour. V. Zelensky dit que c'est de la barbarie.

Ce genre de bâtiments est parfois utilisé pour la logistique ce qui pourrait peut-être expliquer pourquoi ils sont visés mais l'on peut aussi penser que la politique de l'attaquant est de faire en sorte que les blessés ne puissent pas être soignés !

V. Poutine, semble-t-il, menace de couper d'autres exportations vers l'U.E., en fermant des accès et en augmentant les prix du gaz, annonce visant à faire peur aux Européens. Il veut aussi culpabiliser les Européens qui, dit-il, « vont handicaper le monde entier ».

Il est vrai que 45 % du gaz consommé en U.E. aujourd'hui provient de Russie, par le biais de quatre gazoducs (yamal, le pipeline qui va vers la Pologne, est déjà coupé).

En attendant, les Européens stockent et recherchent des alternatives (gaz liquéfié…). Et le G7 se mobilise pour que l'Ukraine soit soutenue jusqu'à la victoire. J.Y. Le Drian, rappelle que nous soutenons un pays agressé. C'est la Russie qui est l'agresseur. Nous ne sommes pas en guerre.

Presque 26 milliards de dollars ont été collectés pour aider l'Ukraine à gagner la bataille numérique, atout pour les Ukrainiens entourés de jeunes formés à cette technique alors qu'en Russie, V. Poutine (70 ans) est entouré de personnes âgées.

Un navire russe a été détruit par les Ukrainiens en mer Noire (le troisième plus important de la flotte russe) au large de l'Île aux Serpents, enjeu stratégique pour chacun, île occupée par les Russes, en voie d'être reprise par les Ukrainiens mais faisant en attendant l'objet de violents combats.

Les Ukrainiens vivent très mal ce qui se passe à Azovstal. Les femmes espèrent revoir leurs maris, d'autres savent qu'ils sont blessés ou morts et vivent un calvaire. Certains ont des « gueules cassées » et de lourds handicaps (À ce jour, 38 gravement blessés).

Des négociations difficiles sont en cours pour faire sortir les blessés. La Turquie pourrait peut-être être médiateur pour exfiltrer une quarantaine d'hommes mais, aux yeux des Russes, ce sont des « nazis » donc ils ont du mal à accepter de les laisser sortir.

Deux épouses de ces soldats d'Azovstal sont arrivées à Paris et sont interviewées à propos des liens qu'elles peuvent entretenir avec leurs époux. Elles ont rencontré le pape hier afin de lui demander de venir en Ukraine. Il a répondu qu'il allait prier. Les soldats d'Azovstal ne peuvent pas sortir car ils seraient faits prisonniers par les Russes et imaginent quel serait leur sort.

1000 crimes de guerre ont été recensés à ce jour dans la région de Kharkiv dans les villages qui ont été occupés par les Russes pendant deux mois.

Un premier procès pour crime de guerre d'un jeune soldat russe de 21 ans devait avoir lieu à Kiev et il a été reporté.

Une trentaine de sportifs athlètes ukrainiens ont fui la guerre pour participer aux « gymnasiales » de Normandie.

Interviewé par BFMTV, Mikhaël Khodorkovski, ex-oligarque russe qui a passé dix ans en prison, nous explique un peu la manière d'être de V. Poutine.

Il considère que V. Zelensky et son entourage ont fait preuve de grandes qualités. « Il est à la hauteur mais il faudra, et c'est le plus difficile, qu'il le soit en temps de paix », dit-il.

14 mai 2022, 80ᵉ jour de guerre

Nous pouvons observer la zone touristique d'Odessa complètement détruite alors qu'il n'y avait aucune raison de viser cette zone.

Lavrov s'exprime en disant que l'U.E. est faible et dépendante des Anglo-saxons : « l'Europe a perdu son indépendance » dit-il. et il ajoute : « l'Occident nous a déclaré la guerre. Ce qui nous étonne c'est la vague de russophobie. Est-ce que les États-Unis sont prêts à considérer l'égalité entre les États ? » se demande-t-il.

Est-ce un discours de ruse, un discours de frustré, une tournure d'esprit naturelle qui nous échappe ?

Poutine dit que « la fin de la neutralité militaire finlandaise est une erreur ». En fait, V. Poutine voulait moins d'OTAN et le résultat de son attitude belliqueuse, le fait qu'il agresse des pays souverains, sera qu'il y aura davantage d'OTAN.

La neutralité n'est plus une sécurité d'où la volonté des états d'entrer dans l'OTAN, l'OTAN qui a aujourd'hui trente ans d'existence.

Les autorités russes semblent en fait persuadées qu'il y a une russophobie en Occident. Ils ne se rendent pas compte du fait que c'est leur attitude qui donne envie de les fuir.

La Turquie se dit prête à discuter avec la Finlande et la Suède au sujet de leurs souhaits de rejoindre l'OTAN.

Le G7 précise qu'il ne reconnaîtra jamais les frontières que la Russie veut imposer à l'Ukraine.

Il nous est signalé qu'un hélicoptère russe vient d'être abattu dans l'est.

15 mai 2022, 81ᵉ jour de guerre

Je n'ai rien noté mais la guerre est toujours d'actualité malheureusement.

16 mai, 82ᵉ jour de guerre

On nous apprend que Mac Donald et Renault Usines se retirent de la Russie.

Renault conserve des options sur les six prochaines années, sans toutefois que l'on puisse imaginer qu'il reprenne ses usines. 15 années d'investissement, deux milliards et demi d'euros est le prix à payer.

De toute façon, Renauld devait rémunérer à perte 4500 personnes inoccupées, s'il ne se retirait pas.

Une nouvelle intéressante : Kharkiv n'aurait plus été bombardée depuis quelques jours mais les Ukrainiens ne crient pas victoire et sont prudents. Il y a toujours des tirs au nord.

Ceci fait dire au président Zelensky que « l'opération spéciale est un échec » et ceci doit remonter le moral des troupes ukrainiennes qui parviennent à reprendre un peu de terrain occupé.

Cependant, il y a d'énormes pertes humaines dans les deux camps. Les combats sont intenses et très durs, dans le Donbass notamment. Personne n'a le dessus à aujourd'hui, même si les Ukrainiens ont meilleur moral.

Les Russes auraient utilisé des bombes au phosphore à Marioupol sur l'Usine Azovstal alors qu'il y a des tentatives d'évacuation des soldats blessés !

V. Poutine a organisé un conseil spécifique avec ses alliés du traité de sécurité collective et nous pouvons entendre son discours incroyable !

J'ai noté quelques phrases qui traduisent sa paranoïa et son état d'esprit :

– « Explosion de russophobie » ;

– « Les extrémistes existent partout mais aucun pays civilisé n'a symbolisé les nazis sauf en Ukraine » ;

– « L'OTAN, instrument de politique extérieure d'un seul pays qui complique la stabilité dans le monde et s'étend au-delà d'un périmètre naturel » ;

– « L'adhésion de la Suède et de la Finlande à l'OTAN n'est pas une menace mais l'élargissement provoquera des réponses. Nous réagirons de manière adéquate » ;

– « En outre, l'OTAN s'élargit de manière anormale… Ce qui provoquera une attention particulière de notre part » ;

– « En ce qui concerne l'opération spéciale avec l'Ukraine, nous allons en parler à porte close ».

Pourquoi à porte close ?

Toujours les mêmes discours ! La pauvre Russie, du point de vue de son paranoïaque dirigeant, est menacée par ses vilains voisins et elle va réagir.

Qui donc s'est permis d'attaquer et d'annexer par la force des morceaux de territoires voisins ? Le vilain rat blanc des steppes ou les Géorgiens, ou les Tchétchènes, où les Moldaves, ou les Syriens ou la Finlande ou l'Ukraine ? Qui s'est installé en Ossétie, en Transnistrie, en Crimée, à Louhansk, à Donetsk, dans les îles Kouriles ? Qui a installé ses copains à la tête des Tchéchènes, en Transnistrie... ?

Le vilain rat blanc des steppes ou les vilains nazis ukrainiens ?

17 mai 2022, 83ᵉ jour de guerre

V. Poutine a du mal à accepter le fait que la Finlande (le Parlement finlandais a voté à 188 voix pour et 9 contre) et la Suède veuillent adhérer à l'OTAN et il est prêt à des représailles.

S. Lavrov dit : « L'OTAN menace notre sécurité ! » Il fait semblant d'ignorer que L'OTAN est une organisation défensive. La menace : c'est que si la Russie est entourée de partout par des forces de l'OTAN, elle ne pourra plus se permettre d'annexer ses voisins.

V. Poutine ajoute que les sanctions mises en place par les Occidentaux à l'égard de la Russie vont avant out impacter l'Union européenne : « c'est un suicide de se priver du pétrole russe », dit-il.

265 combattants ukrainiens d'Azovstal dont 53 gravement blessés « se sont rendus », terme utilisé par les Russes, et ont été évacués hier en zone contrôlée par les Russes. Normalement, à la demande du président Zelensky, ces soldats devraient être rendus à l'Ukraine dans le cadre d'une procédure d'échange. V. Zelensky demande que ces soldats soient secourus et soignés.

Les opérations de sauvetage vont se poursuivre ; il est difficile de savoir combien de soldats ukrainiens et de civils restent dans Marioupol ; il est clair que les derniers soldats n'ont pas envie de capituler et préféreraient continuer la bataille.

V. Zelensky a pu aujourd'hui parler avec le président Macron pendant environ une heure sur différents sujets : armée, humanitaire, sécurisation, céréales…

Il s'est aussi adressé en visioconférence au public du Festival de Cannes où il a cité des références de films connus…

Il nous est rapporté le discours à la TV russe d'un Colonel russe retraité, devenu journaliste chroniqueur militaire, à propos du « conflit ».

Il appelle les Russes à sortir de cette situation et fait le constat du fait que les Ukrainiens ont le moral ce qui n'est pas le cas de l'armée russe mal organisée (il semble qu'il ait en février 22 déjà mis en garde la Russie sur le fait qu'une opération éclair était risquée). Il dit, entre autres :

« La détermination des Ukrainiens est évidente. »

« Le monde entier est contre vous. »

« Ce sera pire quand les armes occidentales seront arrivées. »

« Un tiers des combattants russes sont maintenant hors d'état de combattre. »

Aujourd'hui, c'est le 20ᵉ anniversaire du Traité de Sécurité Collective des Russes et il est célébré à Moscou. V. Poutine en profite pour réunir ses alliés. Veut-il raser l'Ukraine ? La soumettre ?

18 mai 2022, 84ᵉ jour de guerre

À ce jour, 959 militaires de Marioupol sont prisonniers de guerre, sortis de l'espace Azovstal, par les Russes, en coopération avec la Croix Rouge et l'ONU. Ils se seraient rendus, certains dirigés sur Olenynka, d'autres sur Novoazovsk, zones contrôlées par les Russes. Les hommes en bonne santé sont dirigés sur Elenovskaïa et d'autres sont hospitalisés.

Un député de Marioupol, actuellement à Kiev, dit qu'il ne s'agit pas de reddition. Ils n'avaient pas le choix. Il ne sait pas s'il reste des soldats dans l'usine car elle est immense.

Il est inquiet par rapport au sort réservé à ces soldats qui se sont sacrifiés pour défendre leur patrie pendant plus de deux mois. Il ajoute : « Nous sommes fiers de nos soldats et espérons qu'ils pourront rentrer le plus vite possible chez eux. »

Il est rappelé que, selon la Convention de Genève, les prisonniers doivent être traités avec humanité en tout temps, guerre ou conflit armé, même si l'état de guerre n'est pas reconnu par l'une des parties.

Les Russes disent que « les prisonniers de guerre ukrainiens ne méritent pas de vivre... Ce sont des animaux sous forme humaine... ».

En fait, comme à leur habitude, ils disent ce que l'on pourrait déclarer sur eux-mêmes car ils ne se conduisent pas comme des hommes mais bien comme des sauvages assoiffés de sang.

À la Douma, les députés veulent interdire l'échange des soldats d'Azov contre des prisonniers russes. Ils préfèrent les voir mourir alors que le peuple ukrainien les considère comme des héros qui ont résisté deux mois à l'assaut des Russes.

Depuis le début de la guerre, 213 soldats ukrainiens ont été libérés de Russie.

Aujourd'hui, 34 diplomates français sont expulsés de Moscou ainsi que 27 Espagnols et Italiens.

Environ 200 000 citoyens russes ont quitté la Russie depuis le début du conflit. On cite aujourd'hui le cas d'une « Pussy Riot » qui a réussi à s'échapper, alors qu'elle portait un bracelet électronique ; elle était opposante à V. Poutine, pour Navalny, et risquait 15 ans de prison pour ce simple fait.

19 mai 2022, 85ᵉ jour de guerre

Le bataillon Azov est né en 2014 et ne représente que 2 à 3000 soldats soit 2 % des soldats ukrainiens. S'il est exact qu'environ 20 % d'entre eux seraient fanatiques d'extrême-droite, en fait, ils ne veulent que défendre leur Patrie et les emblèmes qu'ils portent ne sont que le symbole de leur patriotisme. Ce sont ces personnes que les Russes nomment des « nazis » mais qu'ont-ils à voir avec les adeptes d'Hitler ?

Pour cette phobie de V. Poutine, 28 500 soldats russes auraient perdu la vie depuis le début de son « opération spéciale ». 28 500 soldats à ce jour pour détruire 10 % d'autres soldats qui ne veulent que sauvegarder le territoire de leurs compatriotes !

Les Chefs d'État-Major russes et américains ont pu se parler aujourd'hui, ce qui est une bonne chose mais la guerre continue.

Le but des Russes est de bloquer l'accès à la mer Noire pour détruire l'économie ukrainienne et si Odessa semble être plus tranquille son économie est au ralenti : les marchandises ne peuvent pas partir par la voie maritime et les touristes désertent cette belle région.

20 mai 2022, 86e jour de guerre

À Severodonetsk, « c'est l'enfer, déclare V. Zelensky. Les combats sont violents. Les Russes veulent encercler cette ville » de 100 000 habitants en la bombardant comme ils l'ont fait à Marioupol. Ce sont des combats d'artillerie.

L'aide occidentale va-t-elle inverser le rapport de force ? A priori, il faut noter que ces aides seront remboursables à des conditions favorables, à voir plus tard.

De l'Usine Azovstal de Marioupol, plus de 1900 soldats se seraient maintenant « rendus ». La Russie les considère comme des prisonniers de guerre, des nazis et certains exigent de les juger en Russie. La Croix rouge prend des précautions en relevant les identités de chacun des prisonniers et, normalement, si l'on se réfère aux conventions de Genève, les prisonniers doivent être bien traités.

Quel sera leur sort ?

En attendant, le premier procès pour crime de guerre en Ukraine est terminé et on attend le verdict pour lundi.

Dans le Donbass, selon les Russes, il resterait environ 20 % à conquérir dans la zone de Louhansk.

À Kiev, on ne baisse pas la garde.

L'Ukraine a célébré sa culture tous étant vêtus de vêtements blancs brodés et le président Zelensky toujours en vêtement kaki mais brodé.

21 mai 2022, 87e jour de guerre

Aujourd'hui, je ne prends pas de notes. Avec mon mari, nous nous changeons les idées en écoutant de jeunes musiciens. Nous souhaitons que le peuple ukrainien puisse bientôt retrouver la paix et soit bercé par la musique de ses enfants.

22 mai 2022, 88e jour de guerre

Andry Shevchenko, ballon d'or de football en 2004, a été nommé ambassadeur pour la levée des fonds en faveur de l'Ukraine et porte-parole de « United 24 », le nom donné à cette levée de fonds. 36 millions d'euros ont déjà été collectés.

Aujourd'hui, nous écoutons le témoignage de femmes violées et il nous est raconté des histoires de très jeunes enfants violés par les soldats russes ainsi que les traumatismes psychologiques vécus par des enfants qui ont vu leur mère violentée et violée devant eux.

En ce moment, de nombreux soldats meurent chaque jour dans les combats du Donbass qui sont très violents. Il y aurait environ 150 soldats tués chaque jour de chaque côté, côté ukrainien, côté russe. Severodonetsk va-t-elle subir le même sort que Marioupol ? Depuis plusieurs jours en effet, Moscou concentre ses forces sur l'oblast de Louhansk en essayant de cerner les villes de Severodonetsk et de Lyssytchansk ce qui fait dire à V. Zelensky : « les occupants russes s'efforcent de montrer qu'ils n'abandonneront pas les zones occupées de la région Nord Est comme Kharkiv, qu'ils ne rendront pas la région de Kherson au sud ni les territoires occupés de la région de Zaporijia (dans le sud-est et le Donbass dans l'est). Ils avancent quelque part et renforcent leurs positions ailleurs… Les Russes cherchent à éliminer tout ce qui est vivant ».

Severodonetsk est le cœur du Donbass industriel où il y a une usine de la dimension de cette de Marioupol (produits chimiques). C'est une ville stratège qui ressemble à Marioupol et il semble que les Russes utilisent les mêmes stratégies d'invasion de cette ville que pour Marioupol.

Les Russes s'affairent à déminer Marioupol mais l'opération risque de durer très longtemps. Le problème est que sur beaucoup d'autres territoires cette opération durera des années.

Il y a aussi de violents combats près de Pomasna et Bakhmont avec objectif d'encerclement.

On nous rapporte que les incendies de casernes de recrutement se multiplient en Russie en ce moment : 12 depuis le début de l'opération de recrutement. En théorie, seuls les soldats confirmés doivent aller au front mais qu'en est-il de la réalité ?

Bernard Henry Levy, actuellement en Ukraine, constate que les hôpitaux sont démunis dans l'est. Il n'y a pas assez de médecins pour soigner les blessés.

Quant aux soldats d'Azovstal, blessés ou non, tout le monde est inquiet quant au sort de ces héros.

23 mai 2022, 89ᵉ jour de guerre

Ce soir, il y aura un reportage qui nous fera le portrait de V. Poutine, nous retracera son parcours et nous dévoilera comment il dissimule sa fortune colossale. Officiellement, il gagne 125 000 euros par an et en fait, sa fortune est cachée sur des comptes off-shore ou sur les comptes d'amis. Ce dictateur a mis en place une dictature après une fausse démocratie qui n'a duré que trois années avec Elsine.

Qu'en sera-t-il de l'avenir : en 2016, il a mis en place une garde nationale destinée à le protéger et avoir accès à lui est quasi impossible.

Aujourd'hui, V. Zelensky va s'exprimer devant le forum de Davos. Il est présent partout ; c'est un véritable pro de la communication. Ses interventions doivent lui permettre d'obtenir des aides nécessaires pour faire face non seulement aux dépenses de cette guerre mais aussi à la future reconstruction de l'Ukraine.

Le forum économique mondial ou FEM que l'on appelle aussi le forum de Davos est une fondation à but non lucratif et une organisation de lobbying fondée en janvier 1971, dont le siège est à Genève et dont le président est Borge Brende et le fondateur Klaus Schwab.

Le sujet « Ukraine » sera au cœur de ce forum de 2022 qui s'étale du 22 au 26 mai 2022 et d'où les Russes sont exclus car les Suisses ne veulent plus entendre parler d'eux.

Au début de la conférence, le président dit son indignation sur la situation en Ukraine, sur cette agression brutale et ses conséquences : « tout pays et son intégrité territoriale doivent être respectés. Nous nous réunissons à Davos dans un contexte géopolitique sans précédent… ».

Puis il loue V. Zelensky et son combat pour la liberté, la paix et l'ordre international qu'il incarne. Enfin, il donne la parole à V. Zelensky.

Le président Zelensky remercie le Pt de Davos ainsi que les personnalités présentes de lui donner la possibilité de s'exprimer devant eux dans ce forum.

Il dit : « la force brutale ne discute pas, elle tue ». Il invite à regarder la maison Davos de Russie transformée en lieu de jugement pour crimes de guerre de la part des Ukrainiens. Encore une fois, les Russes inversent la réalité, transforment les faits.

Il rappelle Sarajevo, Munich, les différents tournants historiques où il aurait fallu réagir, anticiper la collection de ces situations dramatiques. Il dit qu'il faut changer d'approche face aux défis actuels : « en Ukraine, par exemple, nous n'avons pas écouté ceux qui disaient que le conflit ne durerait que quelques jours ». « Si le monde avait réagi de manière préventive et non réactive, la situation actuelle n'aurait pas eu lieu ».

Il rappelle que la Russie a entamé son agression déjà en 2014.

Aurait-on pu éviter toutes ces souffrances si le monde avait réagi à temps ?

« Mesdames, Messieurs, n'attendez pas pour réagir à ce genre d'agression… Protégez au maximum la liberté et l'ordre mondial… la réponse doit être maximale… Que vos comptes ne soient pas utilisés dans leurs intérêts sanguinaires… Les dommages toucheront tout le monde… »

Il propose que chaque pays parraine une région d'Ukraine pour « chapeauter la restauration ».

Il souhaite qu'un « bond économique » voie le jour après cette guerre.

Il remercie la Présidente de l'U.E. pour la création d'une plateforme de décisions pour la restauration.

Il souhaite aussi que l'agresseur soit puni afin qu'un autre agresseur potentiel soit démotivé à l'avenir.

« Il faudra arrêter la famine avant qu'elle ne s'installe ».

Cette aide doit être rapide pour être efficace. L'Ukraine a besoin d'un budget de 5 milliards de dollars par mois pour faire face et c'est pourquoi « United 24 » a été créée.

« Nous ne devons pas avoir peur de créer de nouveaux précédents », dit-il.

Ce discours se termine par une grande ovation du public présent à Davos.

Mais il enchaîne :

« Aujourd'hui, nous regardons combien de personnes nous perdons… 87 cadavres, 87 vies enlevées ; sans ces personnes, il n'y a pas d'avenir en Ukraine. Notre État perd cette chère liberté, cette chère indépendance. »

« Je suis fier de notre armée mais nous comprenons qu'avec un voisin pareil tout peut recommencer. L'Ukraine est un petit État même s'il a une belle histoire et notre objectif est de créer des accords de sécurité avec nos partenaires stratégiques… La sécurité est également nécessaire dans les milieux d'affaires. Nous ne voulons pas reproduire un État de corruption… Voici comment je vois l'Ukraine. Merci. » Et une autre ovation s'ensuit.

24 mai 2022, début du quatrième mois de guerre

Nous apprenons qu'un haut diplomate russe vient de démissionner et a quitté la Russie, écœuré par la « totale impunité et cette ignominie sanglante ». Il est soutenu par une ONG qui le qualifie de héros, encourageant d'autres diplomates à suivre cet exemple.

26 mai 2022 mai 2022

Dans le sud, à Bilozvika, à 80 kms de Kherson, ville occupée par les Russes, et à un km du front où les combats sont plutôt intensifs, les Ukrainiens ont réussi à faire reculer les Russes. Sur 800 habitants, il n'y a plus que 17 personnes ; les autres ont dû fuir et se réfugier ailleurs.

À Severodonetsk, les combats sont d'une « intensité maximale » selon les informateurs : la ville est quasi encerclée et les bombardements sont incessants.

À Kharkiv qui était plus tranquille, il y a eu de nouveaux bombardements faisant 7 morts et 19 blessés civils.

Le président biélorusse Loukachenko qui est sous contrôle russe accentue les arrestations : 40 000 depuis les dernières élections.

27 mai 2022

La ville de Lyman, dans le Donbass, vient d'être prise par les Russes. Cette prise peut leur permettre d'aller vers Kramatorsk et Sloviansk.

La ville de Lissychansk vit aussi sous un déluge de bombes.

Le rapport de forces semble favorable à la Russie. De plus, Le président biélorusse, Loukachenko, faisant face à une crise, mobilise un bataillon armé au sud vers la frontière ukrainienne, ce qui oblige les Ukrainiens à être vigilants de ce côté en prévision d'une éventuelle entrée de troupes ennemies.

Rappelons que la Biélorussie a déjà servi de tremplin pour bombarder l'Ukraine au début de l'invasion russe donc, s'il y a des armées aux frontières, cela peut être ressenti comme une menace.

À Marioupol, sans compter les déportations, on compte plus de vingt mille civils tués et ce chiffre n'est pas définitif puisque les Ukrainiens n'ont plus accès à cette ville depuis un certain temps.

On annonce une dizaine de morts et 30 à 35 blessés à Dnipro.

Le Tchétchène musulman Kadirov, que V. Poutine a mis à la tête de la Tchétchénie, menace la Pologne. Que cherche-t-il ? En fait, il veut exister sur la chaîne médiatique russe.

Il y a actuellement trois millions de réfugiés en Pologne.

V. Poutine se dit prêt à aider à l'exportation des céréales ukrainiennes aux pays dépendants si l'U.E. lève les sanctions : chantage ! On observe encore le cynisme de cet homme qui joue avec la vie des habitants de pays dépendants à 100 % des céréales comme l'Afrique. Il marche sur les pas de Staline qui a provoqué la famine des années 1932-33.

Le président Zelensky parle de Génocide en ce qui concerne ce qui se passe à l'Est en ce moment, drame qui ressemble à celui vécu par les habitants de Marioupol. Dans le Donbass, il y a 5000 prisonniers de guerre ukrainiens. Il semble difficile aux responsables administratifs et juridiques de reconnaître un génocide. Seuls sont reconnus la Shoah et le génocide arménien aujourd'hui, ce qui fait dire une porte-parole ukrainienne de United 24 interviewée : « La famine des années 30 en Ukraine était un génocide et ce qui se passe dans le Donbass est un génocide ; si l'on vous dit que vous n'existez pas, qu'est-ce que c'est si ce n'est pas un génocide ? » « Les Russes pratiquent les frappes indiscriminées. »

28 mai 2022

Dans l'Est, à Bilozirka, à environ un kilomètre de la ligne de front où les combats font rage, la ville étant constamment bombardée, les soldats russes sont partis précipitamment, poursuivis par les soldats ukrainiens.

Aujourd'hui, le président Macron et le Chancelier Olaf Scholz ont eu un entretien prolongé avec V. Poutine en vue d'obtenir :

− Un cessez-le-feu ;

− Que des bateaux puissent quitter Odessa avec du blé Ukrainien pour les pays qui l'attendent, étant au bord de la famine ; la flotte ukrainienne est entièrement détruite mais le port d'Odessa, bien que partiellement miné, pourrait encore permettre un acheminement du blé ukrainien ; le problème est qu'il faudrait utiliser des navires russes et qu'encore une fois, les Russes feraient leur loi, empochant l'argent correspondant aux livraisons de blé. À noter que l'Ukraine et la Russie fournissent 30 % des besoins mondiaux en céréales et que le blé ukrainien nourrit quatre cents millions de personnes dans le monde ;

− La libération des quelque 2500 soldats d'Azovstal.

Certains se demandent si le dialogue diplomatique est vraiment utile sachant que V. Poutine poursuit sa logique personnelle, sans se soucier des besoins des autres.

Il semble qu'il faille maintenir le dialogue diplomatique car, au final, il faudra bien négocier ou établir des règles.

Les Présidents Macron et Scholz ont déclaré : « toute solution à la guerre devra être négociée entre Kiev et Moscou, dans le respect de la souveraineté et de l'intégrité de l'Ukraine » et, pour sa part, le président Zelensky envisage des négociations dès que les frontières existant avant 2014 seront rétablies.

Le président V. Poutine critique vivement la pratique « dangereuse » qui consiste à livrer des armes à l'Ukraine » !

29 mai 2022

V. Zelenski s'est rendu aujourd'hui à Kharkiv. Il annonce « limoger » le chef de service de la sécurité de Kharkiv qui « ne travaille pas à la défense de la ville » : « j'ai vu, j'ai limogé le chef de la sécurité qui ne pensait qu'à lui-même ».

Demain, il y aura un Conseil européen.

Severodonetsk, ville de 100 000 habitants est toujours bombardée.

Deux axes stratégiques importants, Lyman et Bakhmut, où une grande partie de la logistique passe, risquent d'être impactés.

30 mai 2022

Catherine Colonna, nouvelle ministre des Affaires étrangères en France, s'est rendue à Kiev et à Boutcha aujourd'hui et a rencontré le président Zelenski.

Un journaliste de 32 ans, Frédéric Leclerc-Himhoff, travaillant pour BFMTV, a été tué aujourd'hui dans la région de Louhansk alors qu'il était dans un véhicule blindé identifié clairement comme un véhicule humanitaire. Il avait un gilet pare-balles et un casque mais un projectile a perforé le véhicule et l'a touché entre le casque et le gilet. Il s'agit d'un drame qui est un crime de guerre dit la ministre des Affaires Étrangères. Sa maman est fière de son fils. Un autre journaliste est blessé et va revenir en France.

Des enquêteurs ukrainiens sont chargés d'élucider cet acte. Depuis le début de cette guerre, huit journalistes ont été tués à ce jour.

À Severodonetsk, le maire dit qu'il dispose de suffisamment d'hommes mais manque d'essence, d'armes pour organiser les contre-attaques afin d'empêcher les Russes de détruire la ville.

Le Conseil européen se réunit pour élaborer un sixième train de sanctions.

Début juillet, la présidence de l'U.E. passera à la Tchéquie.

Une lettre de l'écrivain Marek Halter à V. Poutine a été publiée dans la presse, les Échos notamment. Très habile, il essaie de montrer à V. Poutine les incohérences qu'il y a à continuer cette guerre. Une seule chose qui me choque : il accuse au passage les Américains et leur rôle de « grand frère » disant : « ne tombez pas dans le piège tendu par les Américains ». En fait, il alimente ainsi les motivations de V. Poutine qui ne supporte pas que les Américains soient supérieurs aux Russes. C'est peut-être un moyen de le faire réfléchir mais c'est aussi complètement ridicule. Les États-Unis et la Russie sont deux États respectables et, personnellement, je ne supporte pas les gens qui se jalousent. Pourquoi ne pas vivre en bonne intelligence ?

Pour moi, les Américains sont toujours venus à la rescousse de ceux qui sont dans la difficulté sauf quand G. Bush s'est mêlé de ce qui se passait en Irak. En France, s'ils n'étaient pas intervenus au cours des deux dernières guerres mondiales, nous serions probablement Allemands, s'ils ne nous avaient pas aidés avec le plan Marshall, nous aurions eu des difficultés pour reconstruire la France.

La paix, la tolérance, le partage, la négociation, la liberté : OUI.

La guerre, la violence, l'intolérance, la dictature : NON.

31 mai 2022

Severodonetsk est maintenant en partie occupée par l'armée russe et il devient urgent de protéger Kramatorsk et Sloviansk.

Deux soldats russes ont été condamnés à onze ans de prison pour crime de guerre. Il y a déjà à ce jour environ treize mille cinq cents dossiers ouverts pour crimes de guerre. Amnesty International, qui participe aux enquêtes, précise qu'il est parfois difficile de parvenir à trouver des preuves incontestables : il faut parvenir à prouver si les actes sont ou pas délibérés et qui est en fait responsable, le soldat, un officier, un haut dirigeant ?

Aujourd'hui, les 27 de l'U.E. se réunissent ; la question du pétrole est bloquée depuis plusieurs semaines par la Hongrie mais il est important de conserver une unité de l'U.E. Voici ce qui est décidé :

— Progressivement, 90 % du pétrole russe ne sera plus importé par l'U.E. d'ici la fin de l'année.

La discussion va porter aussi sur les importations de gaz. Selon Gazprom, les exportations de gaz russe ont baissé à hauteur de 27,6 % de janvier à mai. La Russie a supprimé ses approvisionnements de gaz à la Bulgarie qui ne veut pas payer en roubles.

En attendant, les Russes en profitent pour augmenter le prix des énergies. Ils ne semblent pas s'embarrasser des sanctions : ils ont vendu 14 % de pétrole à l'Inde au lieu de 1 %. Ils commercent aussi avec la Chine...

1ᵉʳ juin 2022

Les Russes contrôlent la ville de Severodonetsk maintenant à 90 % et une explosion a eu lieu sur l'usine de produits chimiques. Des civils se sont réfugiés à l'intérieur de l'usine et sont en danger. Le président Zelensky appelle les habitants restant dans la ville à la prudence. La majorité de la ville a été évacuée et il reste environ quinze mille personnes.

Un Lituanien a organisé un Téléthon pour l'achat d'un drone spécial pour l'Ukraine. Belle initiative.

Les canons César ont permis de détruire plusieurs cibles russes ; ce sont des canons capables de viser avec précision à environ 40 kms de portée et faciles à déplacer.

À ce jour, la France a dépensé environ deux milliards de dollars pour l'aide à l'Ukraine et C. Colonna annonce d'autres livraisons.

Les Américains vont également fournir des armes de précision à longue portée. La condition est toujours de ne pas frapper sur le territoire russe, seulement sur les envahisseurs.

L'Allemagne est aussi prête à envoyer un système de défense élargi.

2 et 3 juin 2022

Le président sénégalais Macky Sall de l'Union africaine se rend aujourd'hui en Russie pour s'entretenir demain vendredi avec V. Poutine à Sotchi à propos du blocage des livraisons de céréales vers l'Afrique ; il s'inquiète de l'impact des sanctions mises en place à l'égard de la Russie sur l'Afrique.

Au 100ᵉ jour de guerre, 6,6 millions d'Ukrainiens ont fui l'Ukraine. Des milliers de personnes ont perdu la vie. L'ordre géopolitique et l'économie internationale sont fragilisés. Cependant, V. Poutine poursuit son massacre alors que les estimations indiquent qu'environ 15 000 soldats russes sont morts.

La Russie envisage un référendum en juillet pour « les territoires libérés », régions ukrainiennes qu'elle occupe avec ses alliés séparatistes. Il s'agit des Républiques autoproclamées de Donetsk et de Louhansk dans l'Est et des régions de Kherson et Zaporijia dans le sud de l'Ukraine. « Les habitants de ces régions doivent pouvoir choisir leur avenir, dit Dimitri Peskov, nous ne doutons pas qu'ils prendront la meilleure décision. » Comme s'ils auront le choix !

Déjà, des administrations y sont imposées pour introduire le rouble comme monnaie et accorder la nationalité russe aux habitants, pour y installer des réseaux de communications russes...

À Marioupol occupée par les Russes, des centaines de tombes provisoires s'observent à perte de vue ainsi que des fosses communes où des milliers de corps sont entassés.

L'école reprend pour les enfants et les jeunes ce qui est positif mais en langue russe bien entendu.

6 juin 2022, 103ᵉ jour de guerre

À Severodonetsk, la ville serait reprise à 50 % par les Ukrainiens mais, chaque jour, les proportions sont inversées. Les tirs s'intensifient avec des combats de rues.

Des tirs ont eu lieu à Kiev après environ un mois de tranquillité. Les frappes ont visé des lignes de chemin de fer ukrainien dans le sud-est de la capitale.

Les Russes occuperaient environ 20 % du territoire ukrainien et la Russie aurait perdu environ 31 000 soldats à ce jour.

Le président Zelensky a rendu visite à ses troupes dans le Donbass, sur les lignes de front et les a félicités. Il a décoré personnellement des militaires.

Ce soir, le président du parlement européen, Ruslan Stefanchuk, était invité sur BMTV.

Il précise qu'à ce jour 30 journalistes sont morts depuis le début de cette guerre, environ cinq mille civils ukrainiens ont aussi été identifiés comme morts ainsi que 6121 blessés, dont 467 enfants. Il ne possède pas les chiffres en ce qui concerne les villes occupées comme Marioupol. Demain, il rencontre le président du Sénat français, Gérard Larcher. Il veut lui transmettre un message de reconnaissance, le gouvernement français étant solidaire du gouvernement ukrainien et accueillant des réfugiés. Il veut également parler avec les « sceptiques », ceux qui n'envisagent pas l'Ukraine en tant que membre de l'U.E. L'Ukraine souhaiterait avoir un signal clair. Soutenir l'Ukraine est de l'intérêt des Européens qui ont des valeurs communes importantes.

À propos de Sergei Lavrov qui n'a pas été en mesure de se rendre en Serbie par avion, ce qui l'a rendu furieux, l'espace aérien lui étant interdit, il dit « qu'il n'a qu'à s'en prendre à son gouvernement, seul responsable ».

À propos de la victoire de l'Ukraine, ce serait la restitution des territoires annexés et la compensation des dommages causés.

La fin de « la guerre est une responsabilité collective », dit-il.

Lorsqu'Emmanuel Macron dit : « il ne faut pas humilier la Russie », à son avis, ce sont les dirigeants russes qui l'humilient. L'Ukraine est dans une posture défensive et souhaite la paix et son seul message à V. Poutine c'est : « arrêtez cette guerre ! »

Les Ukrainiens sont prêts pour les négociations, pour arrêter cette guerre mais pas au prix de la violation de l'intégrité territoriale.

Il veut inviter son homologue français à venir en Ukraine car c'est important de se rendre sur place pour bien mesurer la réalité de cette guerre.

La « fixeuse » du journaliste français mort, Frédéric Leclerc, Oksana Leuta, témoigne de ce qui s'est passé sur place. Elle espère que justice sera rendue. Comédienne et enseignante, elle garde espoir de retrouver sa vie normale après cette guerre.

Le rôle d'une fixeuse est un rôle facilitateur pour les journalistes qui ont besoin de multiples informations. Un(e) fixeur(se) prend énormément de risques.

7 juin 2022

À Severodonetsk, il reste maintenant environ 16 000 habitants sur cent mille.

Samedi soir, une infrastructure portuaire céréalière de Mikolaïv a été détruite par les Russes.

8 juin 22, 105ᵉ jour de l'offensive russe

L'Ukraine émet l'hypothèse de retirer ses troupes de Severodonetsk, ville clé de l'est du pays désormais largement contrôlée par les forces russes et soumise à des bombardements constants. Cette ville est la plus grande agglomération encore aux mains des Ukrainiens dans le Lougansk. Elle ne serait pas abandonnée mais les troupes seraient redéployées là où elles sont nécessaires.

La Turquie serait prête à « garantir la sécurité des navires qui quitteront les ports ukrainiens ».

50 militaires ukrainiens, héros d'Azovstal ont été réintégrés en Ukraine en échange de 50 militaires prisonniers russes.

9 juin 2022

Deux Anglais et un Marocain qui sont allés combattre volontairement aux côtés des Ukrainiens ont été condamnés à mort par les prorusses.

10 juin 2022

Le président Zelensky a eu un entretien avec le président Macron au sujet des garanties de sécurité, de l'adhésion de l'Ukraine à l'Europe et des armes dont elle a besoin.

Le président Macron est attendu en Ukraine car les relations sur le terrain sont toujours meilleures que celles par téléphone ou en visioconférence.

Du 28 au 30 juin aura lieu un sommet de l'OTAN à Madrid et nous pouvons imaginer que le président américain en profitera pour se rendre en Ukraine.

L'armée russe a bombardé le Palais des Glaces de Severodonetsk, monument ayant une importance symbolique, aussi bien pour l'Ukraine que pour la Russie. Que faut-il en penser ?

11 juin 2022

La présidente de la Commission européenne, Ursula von der Leyen, a de nouveau passé la journée à Kiev, deux mois après sa première visite. Elle a reparlé de l'intégration de l'Ukraine à l'U.E., promettant de finaliser son avis sur les ambitions de l'Ukraine à l'adhésion à l'Union.

V. Zelensky demande que l'on mette fin au blocus russe des ports de la mer Noire et la France se dit prête à aider à lever le blocus du port d'Odessa et permettre d'y accéder en toute sécurité, sachant que la mer est minée.

12 juin 2022, 105e jour de guerre

4 missiles tirés hier soir visant une installation militaire à Tchortkiv, près de la mer Noire, mais, en fait, un bâtiment avec des civils a été touché faisant 22 blessés dont 7 femmes et un enfant.

L'Ukraine réclame de l'armement lourd pour l'est, l'artillerie russe étant beaucoup trop puissante : 50 000 obus tirés chaque jour par les Russes contre 5000 par les Ukrainiens.

Un second pont de Severodonetsk a été bombardé par les Russes. Les voies de communication diminuent. Des réfugiés sont dans l'usine de produits chimiques de la ville.

13 juin 2022

« Les forces ukrainiennes ont reconnu avoir abandonné le centre de Severodonetsk, à la suite d'une nouvelle offensive russe, car le coût humain de la bataille est "terrifiant", déclare V. Zelensky. Les combats de rues se poursuivent et les Russes continuent de détruire la ville. » Le dernier pont qui permettait de gagner la ville de Lyssytchansk, ville voisine, a été détruit.

Aujourd'hui, l'Ukraine a perdu un tiers de ses terres cultivables.

14 juin 2022

Au total, 500 civils seraient morts dans l'oblast de Donetsk depuis le début du conflit (24 février 2022).

15 juin 2022

Emmanuel Macron, en visite en Roumanie, rappelle que l'agresseur est la Russie et que personne d'autre ne fait la guerre. Il rappelle que lorsque cette guerre sera terminée et que l'Ukraine aura gagné, il faudra négocier avec la Russie. Il faudra continuer de la sanctionner de manière ferme et unie.

Il précise que venir en Roumanie auprès de nos soldats n'est pas une forme de mépris, comme le pensent certains opposants français.

On apprend que l'armée russe a détruit un dépôt d'armements à l'ouest de l'Ukraine, armements destinés à l'Ukraine et livrés par l'OTAN.

16 juin 2022

Les Présidents Emmanuel Macron, Olaf Scholz et Mario Draghi, co-fondateurs de l'U.E., sont aujourd'hui à Kiev pour une visite surprise et Klaus Johannis, le Roumain les a rejoints.

La France annonce qu'elle va livrer six Caesars en plus à l'Ukraine. Les représentants de ces quatre pays annoncent à V. Zelensky qu'ils sont favorables à un statut de candidat « immédiat » de l'Ukraine à une adhésion à l'Union européenne. Il y aura beaucoup de chemin à faire, cela prendra du temps mais c'est un signal d'espoir pour l'Ukraine.

L'Union européenne ce sont des valeurs, une géographie mais aussi une série de règles communes.

E. Macron a dit : « l'Ukraine a subi une agression de la part de la Russie qui est arrivée presque jusqu'à la capitale et c'est l'armée et le peuple ukrainien qui ont repoussé l'armée russe. Dans le Donbass, les combats sont terribles. Il y a des centaines de morts chaque jour. On a un peuple, une nation dans une situation difficile et le devoir de la France était de dire "nous sommes à vos côtés, nous apportons une aide financière, humanitaire et militaire et nous sanctionnons la Russie. C'est à l'Ukraine de décider ce qu'elle doit faire. Nous devons aider l'Ukraine à tenir dans une guerre qui va durer mais nous ne pouvons pas décider à la place de l'Ukraine. À un moment, il y aura une victoire militaire ou une négociation mais ensuite, les concessions en termes de territoires, c'est à l'Ukraine d'en faire ou pas" ».

Il a assuré qu'il était faux de dire que ses rapports avec le président Zelensky s'étaient « refroidis ». « La France a toujours tenu la même position ; j'ai été le premier dirigeant du monde à recevoir V. Zelensky au cours de l'entre-deux tours. Beaucoup de gens n'ont pas compris que je continuais à parler avec V. Poutine mais je l'ai fait en concertation et parfois à la demande de V. Zelensky. C'est le rôle de la France » et il a assuré qu'il continuerait à discuter avec V. Poutine concernant notamment les évacuations militaires, la crise alimentaire, mais toujours en concertation avec le président Zelensky.

17 juin 2022

La commission européenne a recommandé d'accorder à Kiev le statut de candidat à 1 U.E. le président ukrainien salue une « décision historique » et se dit reconnaissant envers Ursula von der Leyen.

V.Poutine a affirmé que « l'Ukraine va se transformer en semi-colonie des pays occidentaux si elle rejoint l'U.E. » mais il n'a rien contre, du moment qu'il ne s'agit pas d'une adhésion à l'OTAN.

La Russie affirme avoir tué près de 2000 combattants étrangers en Ukraine, précisant qu'environ 7000 mercenaires étrangers issus de 64 pays étaient arrivés en Ukraine depuis le début du conflit, dont notamment la Pologne.

18 juin 2022

V.Zelensky s'est rendu auprès des troupes ukrainiennes dans les régions de Mykolaïev, et Odessa, et dans la bande côtière de la mer Noire après qu'une frappe russe a tué deux personnes et fait 20 blessés à Mykolaïev. Il a remercié les troupes pour leur bravoure.

19 juin 2022

L'armée ukrainienne affirme avoir repoussé des attaques russes près de Severodonetsk où des combats sanglants ont toujours lieu. Contrairement à ce que les Russes affirment, ils ne contrôlent pas entièrement la ville.

20 juin 2022

Moscou accuse Kiev d'avoir bombardé une se ses plateformes de forage d'hydrocarbures.

En ce qui concerne le blocus empêchant les bateaux de livrer le blé ukrainien dans les pays qui en ont besoin, V. Zelensky déclare que « l'Afrique est l'otage de ceux qui ont commencé la guerre » et dénonce les prix « injustes » de l'alimentaire qui se font « douloureusement sentir sur tous les continents ». Des millions de tonnes de céréales ne peuvent pas être actuellement exportées.

21 juin 2022

Les bombardements russes dans la région de Kharkiv ont tué 15 personnes et fait 16 blessés, dont un enfant de 8 ans. Des morts et des blessés civils sont également victimes dans les villages alentour. Ce sont encore des civils, des crimes contre l'humanité.

À Lyssytchansk, proche de Severodonetsk des bombardements russes provoquent des destructions catastrophiques. Les deux villes se retrouvent isolées, trois ponts étant détruits.

Un responsable du gouvernement russe évoque la peine de mort pour deux Américains capturés sur le sol ukrainien, ce qui révolte les Américains.

22 juin 2022

Les troupes russes poursuivent leurs avancées dans l'Est et les bombardements provoquent des destructions massives, notamment sur Lyssytchansk et Severodonetsk.

Une raffinerie est frappée par un drone en Russie, provoquant un incendie mais aucune victime n'est à déplorer.

Selon le maire de Marioupol, au moins 22 000 personnes (civils) seraient mortes dans cette ville depuis le début de l'invasion et, selon lui, au moins 100 000 personnes vivraient encore dans cette ville contrôlée par les Russes. 50 000 seraient en Russie, 40 000 dans d'autres pays.

23 juin 2022, 125ᵉ jour de guerre

Les livres et la musique russes sont aujourd'hui « bannis » en Ukraine.

E. Macron reste encore président du Conseil européen pendant une semaine et il devra faire face à quatre sommets, en Belgique, en Allemagne et au Portugal.

Ce soir, une décision importante doit être prise par les 27 à Bruxelles, en Conseil européen : examiner les candidatures de l'Ukraine et de la Moldavie.

Le soir, bonne nouvelle, les 27 ont approuvé les candidatures de l'Ukraine et de la Moldavie pour adhésion à l'U.E.

Le statut de candidat est un signal fort vis-à-vis de la Russie.

24 juin 2022, 126e jour de guerre

Les forces ukrainiennes ont reçu l'ordre de se retirer de Severodonetsk.

25 juin 2022

La ville de Severodonetsk est aux mains du Kremlin, entièrement occupée par les Russes et l'usine d'Azot est sous contrôle russe.

L'armée ukrainienne s'en est retirée il y a quelques jours afin de mieux défendre la ville voisine de Lyssytchansk. Des forces russes sont déjà entrées dans Lyssytchansk ou des combats de rue ont lieu, selon les séparatistes prorusses.

V. Poutine veut armer la Biélorussie et va livrer à ce pays, son allié, dans les prochains jours, des missiles capables de transporter des charges nucléaires selon ce qu'il a annoncé à son homologue biélorusse Alexandre Loukachenko. Il veut rendre l'aviation biélorusse capable de transporter des missiles à tête nucléaire.

Des bombardements massifs ont lieu en provenance de Biélorussie vers Tchernihiv, au nord de Kiev. Pas de victimes pour l'instant. C'est le premier cas de frappes aériennes sur l'Ukraine, directement depuis le territoire biélorusse. Kiev demande la « parité de feu » avec les forces russes et souhaite encore davantage d'armes lourdes.

Le G7 doit se réunir en Allemagne et l'Ukraine sera à l'ordre du jour.

Dans deux jours, il y aura un sommet de l'OTAN à Madrid où il en sera également question.

171

27 juin 2022

Cette nuit, 14 frappes de missiles ont touché Kiev dans un quartier résidentiel ainsi que dans les alentours de Kiev. Il y a au moins deux blessés et un mort mais le bilan ne peut pas encore être fait. Le but, selon le maire de Kiev, est sans doute d'intimider les Ukrainiens à l'approche de la réunion de trente états de l'OTAN mardi à Madrid.

L'objectif des Russes est toujours le même : faire rentrer l'Ukraine dans le giron russe, lui retirer sa culture, ses biens, son existence même, et l'obliger à adopter la culture russe, à vivre sous la domination russe.

Le ministre de la Défense russe affirme avoir tué jusqu'à 80 combattants polonais au cours d'un bombardement dans l'est de l'Ukraine avec des frappes d'armes de haute précision, sur une usine de zinc Megatex à Konstantinovka, dans la région de Donetsk. Il a aussi affirmé que plus de 300 militaires ukrainiens et mercenaires étrangers ainsi que 35 armes lourdes ont été détruits en l'espace d'une journée dans le sud de l'Ukraine, à Mykolaïv.

Faut-il le croire ? Comme Alexandre Soljenitsyne l'a justement dit : « Ils mentent ; ils savent que nous savons qu'ils mentent mais ils continuent à mentir. »

Plusieurs pays du G7 interdisent les importations d'or russe. Le G7 et l'OTAN ont l'intention de se serrer les coudes contrairement à ce qu'aurait pu penser V. Poutine.

Kaliningrad serait un prochain point de conflit. Un passage de 65 kms (la trouée de Suwalski) est le seul point de passage terrestre pour la Lituanie, la Biélorussie et Kaliningrad…

28 juin 2022

Une frappe sur un supermarché à Krementchenk, à 330 kms au sud de Kiev, en plein jour, alors qu'un millier de personnes faisaient leurs courses ! Il y a plusieurs morts et plusieurs blessés. On ne sait pas encore combien.

À côté de cet hypermarché, il y avait une usine où il n'y avait pas de munitions. Moscou affirme que l'hypermarché était désaffecté et que l'usine était un centre de munitions ce qui bien entendu est faux. Encore une invention délirante servant de propagande pour endormir le peuple russe. Combien de temps restera-t-il endormi ?

Le président Zelensky dit que c'est encore un acte de terrorisme.

Alors qu'Emmanuel Macron, en conférence de presse, rappelle qu'il faut avancer sur le processus de reconstruction de l'Ukraine et que cela impliquera une organisation et des efforts de chacun. Alors que le G7 invoque la paix contre la guerre et qu'Emmanuel Macron dit que la Russie ne doit pas gagner, le Kremlin déclare : « le Kremlin arrêtera son offensive quand l'Ukraine capitulera ».

Le président Zelensky demande que la Russie soit déclarée « État parrain du terrorisme ».

1er juillet 2022

Bonne nouvelle : les Russes ont quitté l'île aux Serpents. Les Ukrainiens les en ont chassés. Selon l'armée ukrainienne, des bombes au phosphore ont été tirées sur cette île par les Russes.

Par contre, il y a reprise de tirs à Odessa. Un immeuble d'habitations a été touché faisant plusieurs morts (17 au moins) et des blessés. À Bilgorod, petit village peu éloigné d'Odessa, il y a eu des frappes en pleine nuit : plusieurs morts encore. Un camp de vacances a été touché.

Dans l'est, à Lyssytchansk, les évacuations sont difficiles.

Autre nouvelle réconfortante : les Norvégiens font un don d'un milliard d'euros pour les Ukrainiens.

10 juillet 2022

À ce jour, il y aurait environ 30 000 morts ukrainiens depuis le début de l'invasion russe. Il y a aussi beaucoup de soldats qui ont disparu pour lesquels leurs familles restent sans nouvelle. Des recherches longues sont en cours en comparant l'ADN des familles et l'ADN de soldats morts non identifiés.

On vient d'apprendre qu'un autre immeuble d'habitation vient d'être détruit faisant au moins 19 morts.

Tous les jours, on apprend de nouvelles destructions d'habitations et de morts de civils. Les Russes bombardent n'importe où et continuent de terroriser la population en vue d'une capitulation mais les Ukrainiens tiennent bon.

Combien de temps cette guerre va-t-elle durer ? Qui va la gagner ? Combien de morts, combien de villes et de villages seront encore détruits ?

27 juillet 2022

Chaque jour, nous suivons le déroulement de cette guerre et les atrocités se multiplient ; l'on se demande quand cette guerre se terminera.

Aujourd'hui, on apprend que la centrale nucléaire de Zaporijia est occupée par les forces russes. Une imprudence risquerait de provoquer une explosion terrible mais les autorités russes en sont-elles conscientes ?

Une nouvelle positive dans ce chaos : un centre de coordination des exportations ukrainiennes a été créé à Istanbul avec une représentation ukrainienne, turque, russe, ONU assurant la logistique et le contrôle. Ceci laisse espérer que, dans les prochaines semaines, les exportations de céréales vers les pays qui en ont besoin pourront reprendre. En attendant, dans les ports ukrainiens, les entreprises reprennent leur travail en vue de ces prochaines exportations.

Les acteurs en présence

Cette guerre qui n'en est pas une selon l'agresseur, V. Poutine représentant la Russie, et qui est un véritable massacre gratuit vécu par l'agressé, Volodymyr Zelensky et son pays l'Ukraine, met deux acteurs principaux en présence dont il faut dire quelques mots.

Nombre d'écrivains s'intéressent de plus en plus à leur cas et nous fournissent bien des détails sur leur personnalité, leurs valeurs, leur vécu et je ne citerai donc ici que quelques détails marquants à leur sujet.

Ensuite, je développerai sans entrer dans les nombreux détails, faisant état des principales étapes, l'histoire de l'Ukraine et celle de la Russie.

Il faut en effet revenir très en arrière pour comprendre ce qui se passe actuellement.

Même si la logique voudrait que chaque état mûrisse dans le bon sens, allant de la sauvagerie à l'émancipation démocratique, nous constaterons que le constat de la réalité est très décevant.

L'agresseur

Il est né à Leningrad (Saint-Pétersbourg), en Russie, le 7 octobre 1952, a aujourd'hui 70 ans et a pour nom de naissance Vladimir Vladimirovitch Poutine. Son père, Vladimir Vladimirovitch, est un militaire qui travaille ensuite dans une usine d'armement. Sa mère est Maria Ivanovna Shelomova, ouvrière, alors que celle qui a prétendu être sa vraie mère est Vera Poutina. Depuis 1999, en effet, une vielle dame de 81 ans vivant en Géorgie dans le village de Metekhi a prétendu être sa véritable mère et dit que V.P. aurait été adopté. Il aurait été confié à ses grands-parents à l'âge de 10 ans. C'était alors un enfant joyeux parfois et battu cependant, selon le voisinage. La vieille dame avait 95 ans lorsqu'elle l'a révélé dans une émission de télévision.

Enfant, il est le tyran des cours de récré.

Dans son adolescence, il s'intéresse beaucoup à la littérature (Pouchkine, Tolstoï...) et est très sportif (judo, sambo – sport de combat russe –). Il est surnommé la Panthère. Il observe beaucoup : à 10 ans, il a vu la Russie tenir tête aux Américains. À 16 ans, il aimerait intégrer le KGB mais il est trop jeune.

Il fait des études de droit et obtient un diplôme en 1975. La même année, il débute sa carrière comme officier du KGB ; il intègre l'institut du drapeau rouge, son objectif étant de bien servir ; il aime faire du zèle ; il se renseigne déjà sur les poisons qui ne laissent pas de trace ; il est affecté, en 1985, au service de contre-espionnage de Dresde en Allemagne de l'Est où il passe cinq années sous le nom d'officier Platov et obtient le grade de lieutenant-colonel.

De retour en Russie, il devient conseiller du recteur de l'université de Leningrad qui fut son professeur au cours de ses années universitaires.

En tant qu'officier, colonel-espion du KGB, où il reste jusqu'en 1991, seize années, il a eu des responsabilités secondaires mais qui ont contribué à construire sa réputation : mépris des droits de l'homme, assassinats de journalistes, décisions brutales, soif d'argent, goût de la corruption...

Lorsque le président Eltsine se sent menacé, il monte un dossier sur lui, s'impose auprès de lui et celui-ci le prend sous sa coupe.

À la suite de la démission du président Boris Eltsine, il assure les fonctions de président de la Russie. La Russie a alors un régime plutôt démocratique depuis trois ans mais il installe une dictature.

Peu de temps après, il envahit la Tchétchénie.

Président, on le voit prêt à tout pour satisfaire ses ambitions.

En mars 2012, il est réélu pour un troisième mandat à la tête de la Russie.

Des Russes dénoncent les fraudes et il les accuse d'être influencés par l'Occident. Il est convaincu du fait que l'Occident cherche à l'affaiblir et se conduit en paranoïaque. Il met donc en avant tous les désavantages de la démocratie, la montrant décadente et exploitant toutes ses failles.

N'étant jamais inquiété par l'Occident alors qu'il attaque ses voisins, les envahit, les annexe en partie (Géorgie, Finlande, Syrie, Tchétchénie…), il semble penser qu'il peut continuer et que personne ne s'opposera à sa volonté de puissance.

Il a donc le champ libre et élimine tous ses opposants, tel Alexeï Navalny, et il s'entoure de fidèles, anciens espions comme lui. L'empoisonnement devient une arme de choix pour faire taire ses opposants. Il y a, dans différents endroits en Europe, des gens payés par lui pour éliminer ses opposants de cette façon. En 2015, l'opposant Boris Nelsof, son rival le plus sérieux, est assassiné près du Kremlin. Bien entendu, il se défend d'être responsable de tous ces crimes.

Seul Maître à bord, il cherche donc toujours à étendre son influence et, avec la complicité du Groupe Wagner, armée de mercenaires, il envahit la Syrie, la Lybie, l'Afrique… puis l'Ukraine.

En 2015, il utilise une cyberattaque pour mettre toute l'Ukraine dans le noir.

Il prend des renseignements sur tous ses interlocuteurs afin de connaître leurs points faibles et les déstabiliser le moment venu.

En 2008, Dimitri Medvedev est nommé président de la Russie à sa place. Il était auparavant vice-président. D. Medvedev le nomme Premier ministre et c'est lui en fait qui continue de diriger le pays. En 2011, il se représente et D. Medvedev, auquel il procure des avantages, se soumet. Il est donc réélu en 2012 et modifie la constitution afin d'être en mesure de rester au pouvoir jusqu'en 2036.

V.P. est bien entouré par ses anciens amis du KGB, des amis d'enfance auxquels il permet de s'enrichir et il a en outre sous son contrôle direct une armée de 350 000 hommes avec à sa tête Victor

Zolotov qu'il paye grassement. Il a plusieurs résidences où il peut s'isoler et être protégé.

Sa fortune est immense et l'on se souvient que son rival, Navalny, avait montré au monde entier son palais de 17 000 m² surplombant la mer Noire.

Comment a-t-il pu devenir si riche ?

Tout simplement, c'est un homme obsédé par l'argent, un mégalomane qui veut être le plus grand, le plus puissant, dominer le monde, mais sa fortune est cachée.

Dès 1991, des soupçons de corruption pèsent sur lui. Alors que le peuple est affamé suite au démantèlement de l'URSS, il n'est pas le président mais sa fonction lui permet de valider un projet permettant de faire face à cette famine et le budget correspondant disparaît. On s'aperçoit qu'il a détourné l'argent à son profit et les approvisionnements correspondant au budget débloqué n'arrivent donc pas en Russie. Cependant, il est protégé par le maire de Saint-Pétersbourg et n'est pas inquiété.

S'il est l'homme le plus riche du monde, il est aussi le plus corrompu et, pour se faire, il raquette les grosses entreprises.

Lorsque l'oligarque M. Kodorskovski a essayé de le convaincre de cesser les corruptions, il s'est vengé et M. Kodorskovski a été emprisonné pendant dix ans pour fraude fiscale. Il trouve toujours un motif pour expliquer ses décisions vis-à-vis de son peuple. En fait, lorsque M. Kodorskovski s'est attaqué à la corruption, il s'attaquait à l'homme le plus corrompu.

La condamnation d'oligarques comme M.K. est pour V.P. un message envoyé aux autres. Certains Oligarques lui ont demandé : « que faut-il faire pour ne pas subir des représailles de ce genre » et il a répondu : « 50 % de vos bénéfices ».

Sa fortune n'est pas censée être vue au grand jour puisqu'il s'arrange pour afficher ses biens aux noms de ses amis du KGB ou de ses amis d'enfance : il possèderait environ quatre cents milliards de dollars en biens sur les comptes de ces personnes. Bien entendu, le peuple n'est pas au courant grâce à la fameuse propagande russe.

Voici donc le portrait qui n'est sans doute que partiel de l'agresseur du conflit actuel avec l'Ukraine contre des « nazis », conflit qu'il ne faut surtout pas nommer « guerre » sous peine de terribles sanctions, conflit qui consiste à détruire un pays souverain qui ne devrait pas exister et qui ose ne pas avoir envie d'être sous sa domination.

Nazis ?

Pourquoi certains Ukrainiens ont-ils collaboré avec les Allemands durant la Seconde Guerre mondiale ?

— L'Empire Austro Hongrois avait permis aux Ukrainiens d'utiliser la langue ukrainienne de 1772 à 1918 ainsi que la Pologne l'a aussi permis de 1918 à 1939, alors que l'Ouest ukrainien était dominé par ces pays.

Ceci a développé un sentiment nationaliste chez les Ukrainiens occidentaux qui souhaitaient que l'Ukraine ait le droit d'exister en tant que nation souveraine et indépendante.

L'arrivée de l'Allemagne hitlérienne est donc pour eux une opportunité d'indépendance. Beaucoup avaient étudié l'Allemand et servi dans l'armée austro-hongroise et ils se sentaient plus attirés par les Allemands que par les « Grands Russes » qui refusaient de reconnaître l'Ukraine.

Ils rejetaient aussi le pouvoir soviétique à cause de la collectivisation forcée et violente des terres, de la répression, et de l'Holodomor (famine provoquée, intentionnelle).

Donc, les occupants allemands furent accueillis comme des libérateurs.

Dans un rapport de la Commission canadienne, il est dit : « ils s'engagèrent dans cette division non parce qu'ils aimaient les Allemands, mais parce qu'ils détestaient les Russes et la tyrannie communiste ».

Cela veut tout dire : les Ukrainiens (ou même les Tatars), taxés de nazisme par les soviétiques et par Poutine maintenant ne sont pas du tout des nazis. Ce sont des nationalistes, oui, car ils aspirent à être réunis en une nation, la nation ukrainienne, mais il est évident qu'ils n'étaient pas partie prenante de la philosophie hitlérienne.

V. Poutine le sait très bien sauf s'il est ignare mais on ne peut pas le penser. Simplement, il utilise des mots forts, comme ce mot « nazi » qui a tellement fait mal au mental des peuples, pour justifier ses ambitions, ses actes, sa folie destructrice, son mépris pour l'autre, celui qui fait mal à son ego.

L'agressé

Volodymyr Zelensky est né en 1978, un 25 janvier à Kryvyï en République socialiste soviétique d'Ukraine, dans une famille d'enseignants, juive, de classe moyenne. Il a grandi à l'Est de l'Ukraine. Il parle le Russe. Son Grand père a combattu dans les rangs de l'Armée rouge, lors de la dernière guerre mondiale.

À vingt ans, alors qu'il passe son bac, l'Ukraine accède à l'indépendance.

Il aime le théâtre et fait partie d'une petite troupe de théâtre amateur. Il rencontre Olena qui est aussi attirée par le théâtre et ils se marient en 2003. Tous deux sont humoristes et prennent plaisir dans cette activité. Ils écrivent des pièces en vue de partager leurs idées et les mettent en scène, les jouent (comédies, drames, tragédies…) ; des milliers de téléspectateurs peuvent les observer. La chaîne de TV appartient à un oligarque ayant fait fortune à la limite de la légalité mais ils ne se sentent pas concernés a priori.

Il y a trois ans, il était encore humoriste.

En 2015, il joue, dans une série télévisée, intitulée « Serviteur du peuple », le rôle d'un enseignant qui devient président de son Pays. Cette série est financée par le même oligarque. Il devient la star du petit écran. Dans cette scène, il est amené à dire tout haut ce que d'autres pensent tout bas.

En 2019, il profite de sa notoriété et se porte candidat à la présidence de l'Ukraine, son parti étant « serviteur du peuple ».

Les gens ont besoin de changement et donc, contre toute attente, votent pour lui, non pas sur un programme, qu'il n'avait pas, non pas considérant une expérience, qu'il n'avait pas, mais sur la promesse qu'il était prêt à faire les choses autrement. Il a remporté 73 % des suffrages aux élections.

Certains se sont posé des questions les premiers mois mais beaucoup espéraient cependant qu'il allait résoudre des problèmes : tel le conflit du Donbass (pour lequel il promettait de mettre un terme, conflit qui durait depuis 2014 et où 14 000 Ukrainiens avaient déjà perdu la vie), telle la question de la corruption…

Il a réussi assez vite un échange de 35 prisonniers de guerre car, au début, V. Poutine ne le craignait pas, il le méprisait plutôt. Ensuite, il s'est affirmé auprès de D. Trump, le président américain de l'époque, alors qu'il voulait l'inciter à dénigrer J. Biden afin qu'il ne parvienne pas à gagner les élections aux États-Unis mais ceci a plutôt déplu à V. Poutine. On comprend pourquoi.

Il avait du flair car neuf mois avant l'invasion russe, il pressentait quasi une troisième guerre mondiale. Cependant, il est évident qu'il n'a pas réussi à trouver une solution pour le Donbass et l'on sait maintenant pourquoi et, pour ce qui concerne la corruption, nous pouvons constater qu'il ne fait pas passer ses intérêts personnels avant ceux de son peuple avec lequel il vibre.

Cet homme qui aurait pu être considéré comme une marionnette aux yeux du monde est devenu un véritable chef de guerre, un véritable héros aux yeux du monde.

Le 24 février 2022, lors de l'agression russe, il décrète la loi martiale.

Lorsque les États-Unis lui proposent d'être exfiltré, il répond : « J'ai besoin de munitions, pas d'un taxi ; c'est ici qu'est le combat. » Il a décidé de rester, de faire face à l'invasion.

C'est un homme entier qui n'a pas peur de dire ce qu'il pense.

Il devient donc un président en guerre et s'adresse à son peuple ainsi qu'à la communauté internationale via les réseaux sociaux qu'il maîtrise. Il s'est même adressé au peuple russe pour les convaincre d'arrêter cette guerre. Il était encore en costume mais ensuite, il a toujours revêtu un costume militaire, un tee-shirt kaki. Il trouve des alliés en Europe et aux États-Unis et un peu partout comme en Israël où il participe à des conférences de presse.

Il a, au début de sa présidence, rencontré V. Poutine au sujet du Donbass afin de parvenir à un accord mais sans succès. Il a malgré tout essayé de garder de bonnes relations avec la Russie mais cela n'a pas marché.

V. Poutine conteste à l'Ukraine le droit d'exister et prétexte le fait de sauver les prorusses du nazisme pour envahir l'Ukraine. À cela, V. Zelensky rétorque : « Dites-moi comment un peuple peut être nazi quand pour lutter contre les nazis il a sacrifié huit millions de vies lors de la Seconde Guerre mondiale ? »

Après son élection, l'économie était au plus bas, il a essayé de faire de son mieux. Il a lutté contre l'oligarchie.

Son objectif est maintenant de laisser une « réputation » aux enfants de l'Ukraine afin de leur donner un modèle à suivre à l'avenir.

Histoire de l'Ukraine, pays souverain agressé

Depuis 30 ans, avant cette guerre qu'il ne faut surtout pas appeler « guerre » mais qui est une « opération spéciale » selon celui qui s'attribue le droit d'ingérence pour créer un « nouvel ordre mondial », depuis 30 ans donc, l'Ukraine est souveraine et indépendante et nous pourrions penser que ses frontières ont toujours été les mêmes.

Cependant, si l'Ukraine a une civilisation très ancienne, beaucoup plus ancienne que celle de la Russie, ses frontières ont beaucoup bougé comme celles d'ailleurs de beaucoup d'autres pays, comme celles de la France par exemple.

Tout évolue, chacun peut changer au fil du temps mais il y a des acquis incontournables qu'il est fort regrettable de voir régresser, voire disparaître. C'est notamment le cas de la mise en place d'une souveraineté reconnue, de systèmes de fonctionnement démocratiques où la liberté est un mot clé et où la volonté de paix, de tolérance, de vivre en bonne intelligence avec ses voisins est une valeur très appréciable.

Il faut reconnaître que la France, l'Allemagne ou d'autres pays, influencés par la propagande soviétique, ont pratiquement ignoré l'existence de l'Ukraine, toujours intégrée, dans l'imaginaire collectif, dans la Grande Russie qui s'est prolongée avec le bloc soviétique, l'URSS, comprenant quinze Républiques socialistes soviétiques, incluant l'Ukraine. Non pas que les voisins de l'Ukraine ignoraient que l'Ukraine était devenue indépendante, comme la Pologne ou les pays baltes, mais, tout simplement, beaucoup d'Européens ont méconnu ce beau pays, l'assimilant inconsciemment à la Russie.

De 1941 à 1944, l'Allemagne avait dévasté l'Ukraine à peine remise des maltraitances staliniennes.

La Pologne s'est évertuée à poloniser l'Ouest de l'Ukraine et la Russie a profité du fait que les Ukrainiens n'appréciaient pas la domination polonaise pour s'approprier toute l'Ukraine qui s'est alors rendu compte que le joug polonais était bien léger à côté de celui des Russes. La Prusse et l'Autriche ont annexé des morceaux de Pologne et d'Ukraine mais le contrôle exercé sur ces régions était beaucoup plus humain que celui exercé par les Russes.

La Russie, quant à elle, a profité des cadres et élites ukrainiennes dont elle avait besoin considérant le fait que la population russe était moins évoluée, à cette époque.

Auparavant, du XVIIe et XVIIIe, la rive gauche du Dniepr était sous le joug de la Gde Russie et la rive droite sous la domination polonaise.

L'Ukraine des XVIIIe et XIXe siècles a été partagée entre Russie, Pologne, Autriche... puis l'URSS s'est tout accaparé.

La Russie, depuis le démantèlement de l'URSS, a toujours voulu s'approprier l'Ukraine et elle l'a toujours fait par la violence. La Russie veut être une grande puissance et ne conçoit pas l'être sans l'Ukraine qu'elle estime être sa propriété. Pourquoi ? L'Ukraine possède de grandes richesses au niveau du sol comme du sous-sol. L'Ukraine est reconnue comme étant le grenier à blé. Sa terre est propice à la culture des céréales. Le sous-sol est riche en minerais, particulièrement le Donbass et, pour couronner le tout, la population est plus évoluée, la culture est plus ancienne.

En 2014, Antoine Arjakovsky, écrivain, disait dans son livre « Russie et Ukraine » « aujourd'hui, tout porte à croire qu'après l'annexion de la Crimée, l'État russe a pris la décision d'annexer la région est et le sud de l'Ukraine, ce qui lui permettrait de contrôler l'ensemble de la côte de la mer Noire, d'avoir des accès terrestres à la Crimée et de pouvoir rejoindre la région Transnistrie ».

Aujourd'hui, ce constat semble se réaliser, même si nous ne connaissons pas encore quelles sont les véritables arrière-pensées des dirigeants russes.

En fait, L'Ukraine, avec Kiev, que de nombreuses peuplades ont traversée, certaines s'y étant installées, est le berceau de la civilisation slave et scandinave alors que la Russie n'a existé que bien plus tard comme on le verra dans la description des différentes périodes de son histoire que je vais évoquer ci-après, notamment, a priori, lors du traité d'alliance ukraino-moscovite signé le 16.01.1654 à Péréiaslav.

Le peuple ukrainien s'est établi sur différents territoires et a un vécu avec d'autres peuples slaves, tant ses terres ont été convoitées, tant elles ont été envahies, divisées, partagées.

On peut distinguer différentes périodes dans son histoire :

− Préhistoire,

− Ère slave,

− Période princière de 800 à 1240, État kiévien ou Rous' du IX au XIVe siècle,

− Période lituano-ruthène du XIVe au XVIe siècle,

− État des Hetmans : 1648 à fin du XVIIIe siècle,

− Réveil culturel et national au XIXe siècle,

− Tentatives d'indépendance de l'État ukrainien, de 1917 à 1921,

− Ukraine pendant la Seconde Guerre mondiale,

− Ukraine au cours de la période soviétique,

− L'Ukraine, État souverain et indépendant, à partir de 1991.

Préhistoire, histoire ancienne

Les plus anciennes traces de vie humaine sur les terres ukrainiennes remontent à l'âge de pierre (200 000 av. J.-C.). Des découvertes archéologiques ont été faites dans le sud de la Crimée, au bord de la mer d'Azov, dans les rapides du Dniepr, en Volhynie et dans la région de Jytomyr. Au Paléolithique supérieur (40 000 à 15 000 av. J.-C.), pratiquement tout le territoire de l'Ukraine actuelle était habité.

Se sont progressivement développées les pratiques de la chasse, de la cueillette, du feu artificiel, de la pêche, la domestication du chien et une certaine organisation tribale. À partir de 7000 ans av. J.-C., l'agriculture primitive des céréales (blé, avoine, orge, millet…) et la domestication du bœuf, du mouton, de la chèvre, du cheval, du porc et de l'élevage de ces animaux. Puis le tissage… Des vestiges ont été retrouvés dans la métropole de Marioupol ainsi que des peintures rupestres à Kamiana Mohyla, près de Melitopol. À partir de 2000 ans av. J.-C., les tribus pastorales fabriquaient des objets en cuivre et en bronze. Les inhumations se faisaient en catacombes et dans des tombes à charpente.

De la fin du second au 1er millénaire av. J.-C., la tribu des Cimmériens, peuple indo-européen, utilisait le fer, ce qui a permis le développement de l'agriculture et de l'artisanat. Cette tribu s'est installée en Tauride (Tauride est le nom donné par les Grecs antiques à la presqu'île de Crimée) et sur le pourtour de la mer d'Azov.

Au 8e siècle av. J.-C., les tribus nomades des Scythes, d'origine iranienne et venant d'Asie, chassent les Cimmériens. Les Scythes ont vaincu Darius 1er, roi des Perses en 514-513 av. J.-C., lequel voulait les assujettir. Ils ont formé la Scythie, la capitale étant transférée à Neapolis en Crimée à la fin du 3e siècle av. J.-C.

Du 7e au 3e siècle av. J.-C., dans le nord de la Scythie, zone de steppes boisées, on observe un peuplement de tribus agricoles, ancêtres des Slaves.

Les premiers colons grecs se sont installés sur le littoral nord de la mer Noire, à partir du 7e siècle av. J.-C.

Les relations entre la population d'Ukraine du Sud (Scythes, Sarmates, tribus slaves…) et les villes grecques ont favorisé le développement culturel, artistique et religieux de la région.

Au 3e siècle av. J.-C., ce sont les tribus Sarmates iraniennes qui remplacent les Scythes et se rendent maîtres des steppes ukrainiennes. Puis ce sont les Goths, eux-mêmes détrônés par les Huns.

Premiers siècles de notre ère, période slave

Au 4e siècle de notre ère, différents peuples avaient traversé le territoire ukrainien : les Huns, les Bulgares, les Avars, les Khazars, les Ougriens, les Petchenègues, les Polovtses, les Tatars…

Les Slaves orientaux qui vivaient sur le territoire et les autres tribus restées là sur le territoire de l'actuelle Ukraine, comme les Goths et les Sarmates, se sont organisés en une formation étatique, les Antes, au début du 4e siècle (du Nord de la mer Noire, du Dniestr jusqu'au Don) avec un régime démocratique du modèle grec où les affaires sont examinées en commun avec à la tête des princes de tribus.

L'État des Antes a existé pendant trois siècles et a été anéanti par les Avars (alliance de plusieurs groupes de nomades eurasiens dits turco-mongols). Les Antes se sont déplacés, pour la plupart, dans les régions de Kiev et de Tchernihiv.

Le peuple ukrainien est issu de toutes ces tribus et ses voisins étaient au nord, les tribus slaves orientales de la Biélorussie et de la Russie actuelle, au sud le Royaume bulgare, l'Empire byzantin, à l'est, le Khanat des Khazars et les Bulgares de la Volga, à l'ouest, les tribus polonaises, la grande Moravie et la Hongrie (fin du IXe siècle).

Les tribus proto-ukrainiennes avaient une même langue et un développement économique avec ses voisins grâce à la navigation sur le Dniepr qui reliait la mer Noire à la mer Baltique et à un réseau routier important reliant l'Est à l'Ouest.

Au début du 9e siècle sont arrivés les Varègues (Normands) de Scandinavie, lesquels ont eu une grande influence sur la formation de la Rous'kiévienne ou l'État ukrainien. C'est le début de la période princière.

Période princière, 860 à 1240

Il semblerait que les Varègues n'aient pas « conquis » les Slaves mais aient été « conviés » par eux pour organiser la « Rous' », le mot « Rous' » étant d'origine varègue. Cette théorie est rejetée par les historiens ukrainiens, sans en nier l'importance.

De nombreux princes ont été à la tête de la Rous' mais je n'en citerai que quelques-uns.

C'est le prince Oleg (879-912), prince varègue dit Oleg le sage, qui fut le premier grand souverain de la Rous'kiévienne laquelle devint le centre de l'État de la Rous' (des Ruthènes = ceux qui parlaient le ruthène, langue slave éteinte maintenant) et auquel furent rattachées les tribus slaves voisines.

Volodymyr Ier le Grand, qui régna de 980 à 1015, a réuni les terres de ses prédécesseurs et étendu son pouvoir sur les territoires voisins : polonais par exemple, fit la guerre à la tribu lituanienne (en 985) aux Bulgares de la Volga... La lutte la plus difficile fut celle contre les Petchenègues de la steppe qui attaquaient en permanence les territoires de la Rous' si bien qu'il édifia des forteresses pour la protection des territoires de la Rous'.

Volodymir Ier fut à la tête d'un des plus grands États d'Europe et il a installé ses fils en tant que gouverneurs dans les différentes parties du territoire.

Ensuite, il a imposé une religion d'État unique : le christianisme qui devint la religion officielle : lui-même, sa famille, son entourage ont adopté cette religion en 987. Il a ordonné la destruction des idoles païennes. Puis il a organisé un baptême collectif des Kiéviens le Ier août 988 dans le Dniepr et ensuite des baptêmes collectifs pour les autres populations alentour qui ne s'y opposèrent pas à l'inverse des populations du Nord (Novgorod, Rostov) où la christianisation eut lieu par la force. Il s'agissait d'un christianisme de rite oriental lié au patriarcat de Constantinople, ce qui n'a pas entaché les relations entre Kiev et Rome.

La christianisation a favorisé l'affermissement de l'autorité princière qui devenait protecteur de l'Église. Volodymir Ier a édifié l'Église de la Nativité de la Vierge et a consacré un dixième de ses revenus à son entretien ; c'est pourquoi on l'a appelée l'Église de la dîme.

L'influence du christianisme a été bénéfique pour le développement de la culture et a amélioré les mœurs de la population.

L'État kiévien avait une position égale avec les autres pays européens.

Les princes kiéviens rencontrèrent des difficultés avec les Petchenègues, peuple nomade d'origine turque qui s'est installé, au Xe

siècle, au nord de la mer Caspienne (Sud-Est de la Russie actuelle). Mais, en 1036, le prince Yaroslav les battit définitivement et ceux-ci se dirigèrent vers le Danube.

Les territoires du sud et le littoral de la mer Noire furent perdus pour l'État kiévien pris par une autre peuplade, les Torques, également d'origine turque.

Les droits de la Rous', règlementant les relations sociales et économiques, furent mis en place par Yaroslav 1er dit le sage, ainsi que de nombreuses relations internationales avec alliances dynastiques ; en fin de vie, il établit ses cinq fils sur différentes parties du territoire, le trône revenant à l'aîné. Plus tard, pour les décisions importantes, furent mis en place des Congrès de Princes (1097, 1100, 1101, 1107).

Le dernier prince kiévien qui s'efforça de sauvegarder l'unité de la Rous' fut Volodymyr II qui régna de 1113 à 1125.

Volodymyr II et son fils Mstyslav 1er ont tous deux entretenu des relations avec l'occident. Le grand prince de Kiev était jusqu'alors le chef suprême de l'armée, chef politique et suprême. Ensuite, certaines principautés se séparèrent de la tutelle de Kiev, menant des politiques différentes. La principauté de Galicie prend la première place et est réunie à la Volhynie par Roman Mstyslavytch (1160-1205) qui ajoute Kiev à ses trophées et crée un État puissant avec la plupart des territoires ukrainiens, des Carpates au Dniepr.

Pour gouverner, les princes s'appuyaient sur le Conseil des Boyards, composés d'anciens membres de la droujyna, de hauts représentants de la population locale et du clergé.

La droujyna, dans l'histoire médiévale de la Rous' de Kiev et de la Pologne, était une grande armée au service d'un chef slave, nom dérivé du mot slave « drug » signifiant « compagnon, ami ».

À partir de la fin du XIIe siècle, le nom « d'Ukraine » est utilisé pour désigner les territoires frontaliers de l'État kiévien et ce nom restera celui de tous les territoires habités par le peuple ukrainien.

L'État de Galicie-Volhynie durera de 1199 à 1340.

À la mort de Roman Mstyslavytch, la Pologne et la Hongrie s'invitent dans les affaires de la Galicie mais sont repoussés par les descendants de Roman, les Romanovytch.

Au début du XIIIe siècle, les Tatars, hordes turco-mongoles venues d'Asie, envahissent l'Ukraine puis, après avoir soumis les peuples voisins, ils envahissent les steppes proches de la mer Noire. Les princes ukrainiens se liguent contre eux avec l'aide des Polovtses (turcs).

Les Tatars sont vainqueurs, retournent en Asie et reviennent en Volhynie et en Galicie dévastant la plupart des villes. Ils avancent vers l'Ouest mais sont battus le 9 avril 1241 par les chevaliers polonais et teutoniques. Ils retournent sur les rives de la Volga et fondent la Horde d'Or puis dominent les territoires ukrainiens, les princes étant obligés de leur payer un tribut selon une charte de suzeraineté.

Le prince Danylo Romanovytch (1238-64) tente d'échapper à cette suzeraineté en vain mais il s'est montré un illustre dirigeant en Ukraine en tentant de restaurer la tradition des princes kiéviens.

En 1270, son fils, Lev Ier, a transféré la capitale de l'État à Lviv qui le restera jusqu'en 1340.

Période intermédiaire

Après la mort du dernier prince rous' (ukrainien) Youri II en 1340, les pays voisins ont voulu s'emparer des trésors, des biens, des territoires de l'État ukrainien :

– Le prince lituanien : la Volhynie,

– Le roi de Pologne : la Galicie avec Lviv,

– Les Hongrois : la Galicie,

– Le roi Casimir III (1310-1370), allié aux Tatars : Lviv et la Galicie une seconde fois,

– Le roi de Hongrie (1370-1387) parvient à accaparer la Galicie, puis devient roi de Pologne.

La Galicie, qui avait appartenu aux Boyards ukrainiens, sera sous la domination polonaise jusqu'en 1772.

La Transcarpatie, qui faisait partie de l'État kiévien, sera annexée par la Hongrie en 1015 et restera sous sa domination jusqu'en 1918.

De même, la Bucovine, au sud-ouest, fut dans le même temps annexée par la principauté de Moldavie et le restera jusqu'en 1774, date à laquelle elle sera rattachée à l'Autriche.

En tout, en l'espace de cent ans, de 1146 à 1246, 47 princes se sont succédé sur le trône kiévien.

Après la séparation de la tutelle de Kiev, la principauté de Vladimir Souzdal dont la population ethnique culturelle et politique était différente de celle des autres peuples composant l'Ukraine, donna progressivement naissance au grand-duché de Moscou, noyau du futur Empire russe.

Période lituano-ruthène

Entre la période princière et la période cosaque, du XIVe siècle à 1569, pendant plus de deux siècles, il y eut une domination lituanienne sur les territoires de l'Ukraine centrale, période de transition avec régime féodal, favorisée par le jeu d'alliances entre familles princières ruthènes, lituaniennes et biélorusses, assortie de conflits entre princes et territoires.

La lutte contre la Moscovie et la menace tatare a nécessité une coopération étroite entre la Lituanie et la Pologne et il fallait composer avec la noblesse ukrainienne et biélorusse, si bien que le 1er juillet 1569, Pologne et Lituanie formèrent un État unique concrétisé par la signature de l'Union de Lublin avec statut lituanien. Le Ruthène qui était la langue dominante fut remplacé progressivement par le Polonais et le Latin.

L'Union de Lublin marque la fin de la période Lituano-ruthène dans l'histoire de l'Ukraine.

La noblesse ukrainienne et la noblesse polonaise avaient les mêmes droits mais la noblesse polonaise commença à s'approprier les territoires de l'Ukraine centrale. Certains nobles ukrainiens changèrent de nationalité et de religion (de l'orthodoxie au catholicisme).

191

Le peuple ukrainien est révolté par cette situation et forme un mouvement cosaque ukrainien dans le but de résister à une agression politico-sociale et religieuse. En réaction à l'offensive catholique, le protestantisme se propage en Ukraine.

Période cosaque : fin du XVIᵉ – 1648 et hetmanat

« Cosaque » est un mot d'origine turque qui désigne un brigand des steppes mais peut aussi désigner un homme qui lutte pour la liberté.

À partir du 15ᵉ siècle, les pilleurs et le peuple, fuyant la domination polonaise, se réunissent pour lutter contre les Tatars. Ils regroupent aussi bien des pillards que des paysans, des bourgeois ou des étrangers et ils forment les cosaques Zaporogues, installés sur le Dniepr inférieur avec pour chef Dmytro Vychnevetskyi qui fut exécuté par les Turcs.

La Sitch zaporogue était une formation militaire de cosaques organisée en groupes sous le commandement d'un chef appelé Hetman.

Début du XVIᵉ siècle, les grands ducs de Lituanie et les rois de Pologne voulurent exploiter la force des cosaques et les contrôler, les attirant en leur donnant une solde et en les exonérant d'impôt, si bien qu'il y a eu deux sortes de cosaques :

– Les cosaques « enregistrés »,
– Les cosaques zaporogues.

L'hetmanat cosaque, cette organisation territoriale politique, militaire et sociale des cosaques, a duré de 1649 à 1764. Ils se réunissaient en assemblée appelée « rada ».

Deux soulèvements de cosaques ukrainiens eurent lieu pour lutter contre l'oppression sociale, économique et nationale du pouvoir polonais à la fin du XVIᵉ siècle. Les cosaques furent torturés et anéantis. Mais, au début du XVIIᵉ siècle, la Pologne eut besoin de leur aide pour lutter contre la Moldavie, la Moscovie et la Suède.

Grâce à la bravoure et au talent d'un commandant cosaque, Petro Konachevytch, dans la lutte contre les Turcs, ce qui lui a permis d'être nommé hetman de 1614 à 1622, la cosaquerie fut transformée en armée régulière et son centre fut transféré à Kiev.

Suite à l'oppression sociale, économique et religieuse, le peuple ukrainien s'est révolté en 1648. Ce fut la guerre cosaco-polonaise qui s'étendit à toute l'Ukraine centrale. Il y eut beaucoup de massacres parmi les nobles, les fonctionnaires, les jésuites, beaucoup de pertes juives mais ce furent les troupes polonaises qui furent battues le 16 mai 1648 et l'Hetman Khmelnytskyï fit une entrée triomphale à Kiev, sauveur, libérateur de la servitude polonaise si bien que le roi Jean II Casimir, vaincu malgré une contre-offensive, dut signer le traité de paix du 18 août 1649 à Zboriv.

Cependant, les Polonais rompirent le traité en 1651 avec l'aide des Tatars, si bien qu'une part de l'Ukraine redevint polonaise.

L'hetman en place voulut combattre la Pologne avec l'aide des proturques mais échoua et se tourna vers Moscou.

État des Hetmans : de 1648 à la fin du XVIIIe siècle, relations avec les Tsars russes

Le Tsar Alexis Mikhaïlovitch a accepté d'aider l'Hetman « au nom de la foi orthodoxe », espérant reconquérir les territoires que la Moscovie avait perdus et élargir sa sphère d'influence. C'est ainsi que fut signé le traité ukraino-moscovite à Péréiaslav le 16 janvier 1654.

L'Ukraine était sous protectorat du tsar moscovite mais restait un État distinct avec ses propres structures socio-politico-administratives, financières et militaires.

Les Polonais réagirent et dévastèrent l'Ouest de l'Ukraine mais les Suédois en profitèrent pour les envahir.

L'hetman Khmelnytskyï, qui refusait la loi imposée par le Tsar, voulut se rapprocher de la Suède, ce qui rendit le Tsar furieux…

Après la mort de cet Hetman, les cosaques contrôlaient un immense territoire appelé « l'Armée zaporogue » par les Ukrainiens et « Petite Russie » par les Moscovites.

Son successeur s'est efforcé de sauvegarder l'indépendance de l'Ukraine.

Pour éviter un conflit, l'Hetman a négocié avec le Roi de Pologne et signé un traité en 1658 mais Moscou a considéré ce traité comme un acte d'hostilité et envoyé son armée en Ukraine laquelle fut vaincue par les troupes ukraino-polono-tatares.

Le Tsar s'imposa et les régiments cosaques de la rive gauche ukrainienne restèrent fidèles à Moscou si bien que, devant cette situation ingérable, l'hetman Yourii Khmelnytskyï se retira dans un monastère et la guerre s'ensuivit, l'Ukraine étant sous deux influences :

– Rive droite, polonaise avec un hetman,
– Rive gauche, moscovite, avec un autre hetman.

Les Tsars voulurent détruire la souveraineté de l'Ukraine en soudoyant les masses populaires. L'hetman de la rive gauche mit l'Ukraine sous la tutelle de Moscou en échange de privilèges et, le 13 janvier 1667, Moscou conclut un traité de partage avec la Pologne, sans consulter l'Ukraine.

Des tentatives pour se défaire de cette situation ont échoué et Moscou a développé son influence en Ukraine en subordonnant progressivement l'Église Orthodoxe.

En 1685-86, la métropole orthodoxe de Kiev était subordonnée au patriarcat de Moscou et l'Église orthodoxe ukrainienne perdit son indépendance.

À l'époque de l'hetman Ivan Mazepa (1687-1709), le Tsar Pierre 1er qui avait remporté une victoire sur lui l'obligeant à fuir en Moldavie avec 500 cosaques d'État et 4000 cosaques zaporogues, soumit l'Ukraine à de très fortes répressions, exilant un grand nombre de rebelles en Sibérie.

Il fit aussi détruire la Sitch zaporogue, la considérant comme un foyer de l'esprit d'indépendance ukrainien.

Après cela, le Tsar s'est employé à détruire l'opposition ukrainienne en usant de ruse, s'appuyant sur les griefs du peuple à l'encontre du gouvernement hetman, comme prétexte pour l'ingérence de l'administration moscovite avec droit de contrôle sur le gouvernement de l'hetman. Il nomma des officiers, des colonels russes ou autres étrangers et les rendit propriétaires de domaines ukrainiens.

À partir de 1719, les Ukrainiens n'eurent plus le droit d'exporter directement leurs marchandises vers l'occident et les prix des denrées exportées furent fixés par le gouvernement russe. Les hetmans qui contestaient les décisions du Tsar étaient incarcérés.

Lors de la guerre russo-turque de 1735-39, le Tsar a utilisé l'Ukraine comme champ d'opérations et il y eut de lourdes pertes matérielles et humaines chez les cosaques et les paysans.

Sous Élisabeth Ire (1741-1762), l'hetman Rozoumovskyi réussit à donner plus d'autonomie à l'Ukraine et Kiev et le territoire des zaporogues furent à nouveau sous l'autorité des hetmans sauf que le pouvoir moscovite maintenait son contrôle sur les finances de l'État.

Catherine II (1762-1796) repoussa les demandes de l'hetman Rozoumovskyi visant à redonner une autonomie à l'Ukraine et le somma de démissionner.

Elle continua la politique de Pierre 1er.

Des postes furent confiés dans l'administration russe à la noblesse ukrainienne afin de la neutraliser. Certains refusèrent.

Après la guerre russo-turque de 1768-1774, la fin de l'autonomie de l'Ukraine s'accélère et de vastes territoires du sud de l'Ukraine sont incorporés à la Nouvelle Russie qu'elle peuple d'Ukrainiens ainsi que de colons allemands, de Serbes, de Bulgares... C'est ainsi que des villes comme Odessa, Sébastopol, Marioupol, Kherson, Mykolaïv sont créées au bord de la mer Noire.

Dans la plupart des grandes villes comme Kharkiv, les institutions administratives, judiciaires et fiscales russes remplacent les ukrainiennes et le servage des paysans est installé en Ukraine. La noblesse ukrainienne ayant les mêmes privilèges que la noblesse russe n'a pas désapprouvé (1783-1785).

Catherine II annexe aussi la Crimée, ce qui lui permet un accès sur tout le littoral nord de la mer Noire.

En 1795, la Russie a annexé 80 % des territoires ukrainiens.

Pendant ce temps, la Pologne domine la rive droite de l'Ukraine, dévastée, dépeuplée et opère de façon plus ou moins identique à celle de la Russie si bien que les paysans s'insurgent mais les Russes aident la Pologne dans une guerre sanglante.

Sous le règne d'Alexandre Ier (1801-1825), et de Nicolas Ier (1825-55), l'administration et la juridiction russes sont tellement bien installées en Ukraine que le nom d'Ukraine a quasi disparu : l'Ukraine rive gauche est appelée « Petite Russie », l'Ukraine rive droite « Région Sud-Ouest », l'Ukraine du Sud « Nouvelle Russie ».

En 1830, suite à la révolte antirusse menée par la noblesse polonaise, le gouvernement tsariste renforce sa politique de russification chez les Ukrainiens et même chez les Polonais et confisque les biens de 3000 familles nobles ; 340 000 nobles sont déchus de leurs titres et déportés à l'est.

Réveil culturel et national : XIXe siècle

À partir de la fin du 18e siècle et du début du 19e siècle, l'intérêt pour l'histoire nationale, l'ethnographie, le folklore, la culture en général se développe chez les Ukrainiens, favorisé par le développement des universités (Kharkiv en 1805, Kiev en 1834) et l'influence des systèmes philosophiques occidentaux.

Des historiens, des écrivains et des poètes comme Taras Chevtchenko (1814-1861) influencent la vie ukrainienne dans les domaines politico-sociaux notamment.

La Confrérie de Cyrille et Méthode est fondée en 1846 mais leurs revendications déplaisent au gouvernement russe et Chevtchenko, qui en faisait partie, est condamné, ainsi que d'autres, à dix ans de travaux forcés avec interdiction d'écrire et de peindre. Il reviendra de déportation en 1857.

À l'Ouest, au cours de la révolution de 1848-49, dans l'Empire des Habsbourg et une grande partie de l'Europe, les Habsbourg abolissent le servage afin de s'assurer le soutien de la population, ce qui incite les Ukrainiens à s'organiser. Ils fondent le « Conseil Suprême

Ruthène ». Des délégués participent au Congrès slave de Prague où ils déclarent que le peuple ukrainien et la langue ukrainienne sont différents de ceux des autres slaves ce qui, bien entendu, mène à des conflits mais, le 15 mai 1848, un journal en langue ukrainienne voit le jour et la société littéraire « Halytsko-Rouska Matytsia » est créée.

Côté russe, Alexandre II abolit le servage en 1861. 42 % des Ukrainiens étaient des serfs à cette époque. Début 1870, les gens du peuple eurent la possibilité de faire des études supérieures.

L'abolition du servage a favorisé le développement industriel. Une première ligne de chemin de fer fut construite dans les années 1866-71 entre Odessa et Balta, ce qui a facilité le transport du blé entre 1870 et 1900. Les régions de Donetsk et Kryvyi sont alors les régions industrielles les plus développées.

Après la mort du Tsar Nicolas Ier (1855), le nationalisme ukrainien se développe ce qui rend le gouvernement russe furieux. Il interdit la publication d'ouvrages scientifiques et religieux ainsi que de manuels scolaires en langue ukrainienne.

Le mouvement ukrainien renouvèle ses activités clandestinement et se tourne vers la Galicie où il y a davantage de facilités et, jusqu'en 1905 (révolution russe) ? La Galicie est le centre de l'activité politico-sociale de l'Ukraine.

Autonomie/indépendance de l'Ukraine

L'autonomie de l'Ukraine est supprimée à la fin du XVIIIe siècle, sous le règne de Catherine II la Grande.

Ce n'est qu'à la suite de la révolution de février 1917 en Russie que l'Ukraine tentera de retrouver son indépendance, période qui se terminera en 2021, indépendance qui lui sera rendue en 1991, à la suite de la dislocation de l'U.R.S.S.

À de nombreuses reprises, le peuple ukrainien a manifesté et s'est battu pour retrouver sa souveraineté, son indépendance.

1917-1921, guerre d'indépendance de l'Ukraine

Pour différents adversaires ou pays voisins, tels les Russes « blancs » ou « rouges » et la Pologne, l'étendue de l'Ukraine ainsi que sa population et son poids économique ont représenté des enjeux qu'ils se sont disputés.

Au cours de ces quatre années, 1917-1921, l'Ukraine a vécu une longue et terrible guerre et, en 1921 son projet d'indépendance a échoué : seule une partie de l'Ukraine a conservé un statut « théorique » d'État au sein de la nouvelle Union soviétique.

Laroslav Lebedynsky, l'auteur de « les guerres d'indépendance de l'Ukraine » décrit ces années comme « un chaos meurtrier inintelligible avec des histoires de villes prises et reprises par des bandes aux allégeances floues et de changements de camp de soldats souvent mobilisés de force ».

Après toute une série de conflits militaires entre différentes forces gouvernementales, politiques et militaires, les anarchistes, les nationalistes, les bolcheviks ukrainiens et les forces de l'Allemagne, de l'Autriche-Hongrie, de la deuxième république polonaise, de l'armée des volontaires russes blancs, cette guerre a abouti à la création et au développement d'une République ukrainienne mais la majeure partie a été absorbée par l'Union soviétique avec pour nom « République socialiste soviétique d'Ukraine », et ce, de 1922 à 1991.

Le résultat de cette guerre fut la division de l'Ukraine entre la RSS d'Ukraine bolchevique, la Pologne, la Roumanie et la Tchécoslovaquie.

Au cours de la Première Guerre Mondiale, les Ukrainiens étaient en première ligne des principaux combattants.

La révolution russe de février 1917 a encouragé de nombreux groupes ethniques de l'Empire russe à exiger une plus grande autonomie avec divers degrés d'autodétermination.

En mars 1917, la République populaire ukrainienne est déclarée à Kiev en tant qu'entité autonome, étroitement liée cependant au gouvernement provisoire russe.

La Rada (conseil ukrainien) déclare l'indépendance de l'Ukraine le 22 janvier 1918 et rompt ses liens avec la Russie mais, cette indépendance n'est pas reconnue par le gouvernement soviétique de Russie.

Les gardes rouges entrent dans la capitale le 9 février 1918 si bien que la Rada centrale quitte Kiev pour s'installer à Jytomyr.

Confrontée à une défaite imminente, la Rada se tourne vers ses adversaires, toujours hostiles, pour une trêve et une alliance acceptée par l'Allemagne avec le traité de Brest-Litovsk, signé le 9 février 1918, en échange de vivres que la République populaire ukrainienne fournit aux Allemands. Les armées impériales allemandes et austro-hongroises chassent ensuite les bolcheviks d'Ukraine et prennent Kiev le 1er mars 1918. L'armée ukrainienne a pris le contrôle du bassin du Donbass en avril 1918 et ce même mois, la Crimée a été débarrassée des forces bolcheviques par les troupes ukrainiennes de l'armée impériale allemande. En mars 1918, les troupes ukrainiennes et l'armée austro-hongroise sécurisent Odessa... et l'armée allemande prend le contrôle de Kharkiv. En avril 1918, tous les gains bolcheviques en Ukraine sont perdus.

Par contre, les bolcheviks de l'Est de l'Ukraine ont refusé de se subordonner à l'Allemagne.

Après la défaite de l'Allemagne (guerre de 14-18), le gouvernement de Lénine a annulé le traité de Brest-Litovsk. Léon Trotsky, à propos de ce traité, a dit « pas de guerre, pas de paix » et a envahi l'Ukraine et d'autres pays d'Europe de l'Est qui avaient été formés sous la protection allemande. L'effondrement de ces puissances centrales a affecté l'ancienne province autrichienne de Galicie peuplée d'Ukrainiens et de Polonais.

Les Ukrainiens ont proclamé une République populaire d'Ukraine occidentale en Galicie orientale, souhaitant s'unir à la République populaire ukrainienne, alors que les Polonais de la Galicie orientale, principalement concentrés à Lviv, ont fait allégeance à la deuxième République polonaise nouvellement formée. Donc deux camps hostiles.

Le 22 janvier 1919, la République populaire d'Ukraine occidentale et la République populaire d'Ukraine signent un « Acte d'union à Kiev ». Cependant, cela ne correspond pas aux intérêts de Moscou et de la Pologne d'où de violentes attaques de part et d'autre de l'Ukraine par l'armée rouge, l'armée blanche des tsaristes, l'armée polonaise, l'armée noire des paysans anarchistes et l'armée ukrainienne. La ville de Kiev est prise et reprise pas moins de seize fois.

Les armées pillent les réserves des paysans, progressivement de plus en plus démunis, et de l'automne 1921 au printemps 1923, autour de la Volga, dans le nord du Caucase, au sud de l'Ukraine et sur le littoral nord de la mer Noire, **une terrible famine s'installe** provoquant la mort de plus ou moins deux millions de personnes chez les paysans principalement car, **pour Lénine, c'est un moyen de pression. En outre, une grande sécheresse compromet la récolte de 1921.**

Cette famine qui n'était pas forcément voulue au commencement est ensuite exploitée comme une arme politique par les bolcheviks afin d'obtenir une aide alimentaire internationale. Et ça marche !

Les bolcheviks contrôlent rapidement l'Ukraine centrale et orientale et alors que les combats ne sont pas terminés, ils prennent déjà le contrôle de toute l'Ukraine, mi 1921.

Le parti communiste prend de l'ampleur mais la population lui est hostile donc Lénine s'arrange pour que les fonctionnaires du parti qui ne sont pas ukrainiens apprennent la langue ukrainienne afin de mieux communiquer avec les paysans ukrainiens et les convaincre d'accepter le parti car ils sont convaincus que l'Ukraine leur permettra de dissoudre la Pologne, la Tchécoslovaquie et la Roumanie.

Renaissance culturelle

L'effet bénéfique est que les cours sont dorénavant dispensés en ukrainien dans les écoles et que l'analphabétisme passe de 47 % en 1926 à moins de 10 % dans les années 30.

On observe un mouvement de renaissance culturelle alors que paradoxalement l'Ukraine est toujours soumise à Moscou comme au temps des Tsars.

La langue russe est désormais considérée comme une langue étrangère dans les écoles ukrainiennes au même titre que les autres langues ce qui laisse espérer à Kiev de devenir une capitale européenne indépendante, davantage tournée vers l'Europe que vers la Russie. Un certain Skrypnyk, homme important du parti communiste ukrainien est d'ailleurs pleinement favorable à une autonomie culturelle et politique de l'Ukraine et est prêt à mettre en place des relations directes entre la France et l'Ukraine dans ce sens. Il s'oppose ainsi à Moscou, donc à Staline allant jusqu'à demander que les territoires frontaliers où vivent plus de sept millions d'Ukrainiens soient rattachés à l'Ukraine. La vérité est que l'Ukraine administrative ne correspond pas vraiment à l'Ukraine ethnographique et culturelle. Ce rattachement est donc décidé en 1929 sans application officielle.

Territoires ukrainiens et puissances étrangères environnantes de 1918 à 1939

Suite à la Première Guerre mondiale et à la Révolution russe, les Empires russes et autrichiens disparaissent. Les Ukrainiens déclarent alors leur indépendance et créent, le 17 mars 1917, la Rada centrale (le parlement) et c'est Mykhaïlo qui en devient le président jusqu'au 29 avril 1918.

La Rada proclame la République populaire ukrainienne qui est reconnue par la France et la Grande-Bretagne en janvier 1918. Cependant suite à l'offensive des bolcheviks, le gouvernement est obligé de quitter Kiev.

En mars 1918, par le traité de Brest-Litovsk, Lénine livre l'Ukraine aux occupants allemands qui permettent le retour du gouvernement à Kiev.

S'ensuit une période de troubles où s'affrontent différentes factions ukrainiennes, pro-alliées, pro-allemandes ou pro-bolchéviques en pillant les villes et les villages.

En 1919, de multiples pogroms contre les juifs ont lieu.

De novembre 1918 à mai 1919, de violents combats interviennent entre Ukrainiens et Polonais (bataille de Lviv).

Fin 1919 et début 1920, les bolcheviks prennent le dessus sur les belligérants. L'Ukraine et sa capitale Kiev sont intégrées à l'URSS créée en 1922 alors que la partie qui était autrichienne avec Lviv est intégrée à la Pologne en 1921. La petite Ukraine transcarpatique autrefois hongroise vote son rattachement à la Tchécoslovaquie et la Bucovine est rattachée à la Roumanie, ces deux régions évitent ainsi la soviétisation, les réquisitions, la collectivisation et la grande famine de 1932-33 (Holodomor).

Seconde Guerre mondiale : 1939-1945

Après l'invasion de la Pologne en septembre 1939 par les troupes allemandes puis soviétiques, l'Union soviétique annexe les régions polonaises à majorité ukrainienne. Puis les régions à minorité ukrainienne de Roumanie sont également incorporées à la République socialiste soviétique d'Ukraine. Ces nouvelles régions incorporées sont sévèrement malmenées : presse contrôlée, églises opprimées, contre-révolutionnaires arrêtés : 345 000 personnes sont déportées et 30 000, exécutées.

L'Ukraine agrandit son territoire mais vit très mal le régime stalinien très répressif si bien que lorsque l'Allemagne nazie envahit l'URSS en juin 1941, certains Ukrainiens accueillent la Wehrmacht en libératrice et s'engagent dans les forces de police, la légion ukrainienne, le 201e bataillon Schutmannschaft, l'Armée de libération de l'Ukraine, l'Armée insurrectionnelle ukrainienne (UPA), les Hiwis et la 14e division de la Waffen SS. Plusieurs milliers d'Ukrainiens rejoignent les mouvements de résistance des partisans soviétiques et l'organisation des nationalistes ukrainiens de Stepan Bandera proclame l'indépendance de l'Ukraine à LVIV. D'importants massacres ont lieu contre les communistes et les communautés juives. L'Armée insurrectionnelle ukrainienne (UPA) continue son combat contre l'armée rouge jusqu'à son anéantissement en 1954.

En 1944, l'Armée rouge libère l'Ukraine des nazis et les Ukrainiens qui avaient servi les Allemands et les membres de l'UPA sont, en 1945, pour la plupart internés au goulag en tant que traîtres. À la fin de cette guerre, les pertes ukrainiennes s'élèvent à 8 millions de personnes.

En 1945, à la demande de Staline, l'ONU fait de l'Ukraine (ainsi que de la Russie, de la Biélorussie) l'un des membres fondateurs de cette organisation et l'URSS y disposera de trois voix au lieu d'une.

Quatre villes ukrainiennes : Odessa, Kertch, Sébastopol, Kiev porteront le titre honorifique de villes héros décerné aux villes d'Union soviétique dont les habitants ont combattu héroïquement la Wehrmacht au cours de cette seconde guerre mondiale.

Période soviétique

On ne peut pas évoquer la période soviétique sans d'abord parler de Joseph Staline.

Né le 18 décembre 1878 à Gori en Géorgie et décédé le 5 mars 1953 à Moscou, c'est un révolutionnaire bolchevik et un homme d'état soviétique d'origine géorgienne.

Il a été nommé Commissaire du peuple aux Nationalités (autrement dit Ministre) dans le premier gouvernement de Lénine. Il s'est employé à renforcer sa position au sein du parti communiste soviétique et a été élu en 1922 en tant que Secrétaire général du Comité Central (PCUS).

C'est un politicien, un révolutionnaire mais aussi un dictateur russe.

À la mort de Lénine, en 1924, il décide de prendre le pouvoir en supprimant ses principaux adversaires politiques. Il fait déporter puis exiler Trotski ainsi qu'une centaine d'autres.

Dès 1928, il installe un régime totalitaire marqué par la suppression des libertés, la violence, la répression et par le strict contrôle de l'économie par l'État, contrôle qui sera renforcé jusqu'à sa mort en 1953.

Il est donc là dès la naissance de l'URSS et c'est à lui que les peuples doivent la collectivisation forcée des campagnes, la grande famine (holodomor = extermination par la faim), les grandes purges...

Il est investi des pleins pouvoirs dans ce parti à la pensée unique. Il exerce un contrôle sévère sur les intellectuels et les artistes et l'art devient un outil de la propagande officielle. La propagande est destinée à endormir le peuple. Il exerce des censures, des purges ; toute opposition entraîne la déportation dans les goulags...

Il nationalise, planifie, industrialise autoritairement.

Il fait appel à des techniciens étrangers afin de faire de l'URSS une grande puissance industrielle.

Il est à l'origine de la mise en place du stakhanovisme (mythe du mineur Stakhanov qui aurait produit 14 fois plus que la norme imposée).

De 1928 à 1941, les trois plans quinquennaux font de l'URSS une grande puissance industrielle avec 12 % de la production mondiale.

Pour l'Ukraine en particulier, il a organisé, par sa seule volonté, la grande famine de 1932 à 1933, provoquant quelque 5 millions de morts.

Après la Seconde Guerre mondiale, il a décidé de rattacher à l'Ukraine la partie de la Pologne que l'Union soviétique avait absorbée à la suite de l'accord passé avec les nazis (pacte Molotov-Ribbentrop).

Au cours du sommet de Yalta, en février 1945, il a obtenu l'aval des alliés qui ont accepté, lors de la conférence de Postdam, de céder à la Pologne en compensation, les territoires allemands situés sur la frontière ouest. 7,5 millions d'Allemands sont ainsi expulsés de cette région, près de l'Oder, pour laisser la place aux Polonais chassés de la région annexée par l'Union soviétique.

Staline prélève aussi d'autres territoires vaincus pour les rattacher à la République socialiste d'Ukraine : la Ruthénie subcarpatique à la Tchécoslovaquie, plusieurs îles dont l'île des Serpents en mer Noire à la Roumanie.

Si la superficie de l'Ukraine s'est agrandie de 15 % après la Seconde Guerre mondiale, il faut noter qu'elle a perdu 7 millions de citoyens et sur les 36 millions d'Ukrainiens, ayant survécu à cette guerre, 10 millions n'avaient plus de toit. 700 villes et bourgs et 28 000 villages ont été détruits. La production industrielle a été réduite des trois quarts et sa production agricole de 40 %.

En 1948, débute la guerre froide opposant l'Union soviétique dont bien entendu l'Ukraine fait partie et l'Occident.

Le rôle qui sera assigné à l'Ukraine sera de produire des armes, de la nourriture et des soldats. La production industrielle retrouve son niveau en 1950 et la production agricole en 1960.

À la suite d'une période de sécheresse au niveau de Zaporijia et de Dniepropetrovsk, l'Ukraine connaît **une nouvelle période de famine dont le résultat est encore un million de morts**. Staline en effet a préféré utiliser les céréales qui auraient pu nourrir les Ukrainiens pour obtenir des devises nécessaires à la restauration des capacités industrielles.

Staline a continué d'appliquer son régime oppressif sur toute l'Union soviétique jusqu'à la fin et, en Ukraine, il y a eu de nombreuses arrestations et déportations, le régime invoquant toutes sortes de prétextes.

Holodomor

Le terme Holodomor signifie « extermination par la faim, des mots ukrainiens « holod » = faim et « moryty » = tuer, priver, affamer, épuiser.

Il s'agit de la grande famine qui a eu lieu en Ukraine et dans le Kouban entre 1932 et 1933, famine utilisée comme moyen de pression par J. Staline et le régime soviétique en vue d'obtenir que les paysans qui exploitaient leurs terres et en tiraient des profits acceptent d'entrer dans la politique de collectivisation instaurée par J. Staline.

À ce jour, l'existence de cette grande famine n'est plus niée mais le caractère intentionnel de celle-ci est encore controversé.

Dès 1935, Boris Souvarine (journaliste historien essayiste russe et français, né en 1895 à Kiev et décédé en 1984 à Paris) en avait parlé et ce n'est que quarante ans plus tard que le grand public en a eu connaissance grâce au livre d'Alexandre Soljenitsyne « l'Archipel du Goulag » publié à Paris en 1974. Il s'est fait le porte-parole des victimes du Goulag (camps de travail forcé et concentrationnaire mis en place par le régime répressif de l'Union soviétique).

Selon certaines estimations, 81,3 % des victimes de cette famine en RSS auraient été des Ukrainiens et 4,5 % des Russes.

La « dékoulakisation » et la « collectivisation » forcées qui ont été menées de 1927 à 1933 en Ukraine ont provoqué une résistance de la paysannerie.

La dékoulakisation est une campagne de répression exercée en Union soviétique, dirigée pendant la dictature de J. Staline, de 1929 à 1933, contre les Koulaks et qui s'est traduite par la déportation de deux millions de paysans en Sibérie, de 300 000 envoyés au Goulag et 300 000 assassinés. Koulak est le nom donné au paysan russe avant la révolution bolchévique, caractérisé par une importante richesse grâce à son statut de propriétaire terrien.

Pour étouffer la résistance des paysans, le parti communiste a envoyé 30 000 activistes communistes dans les campagnes avec pour mission de confisquer toutes les réserves de nourriture des paysans afin de les contraindre à travailler dans les Kolkhozes (exploitations agricoles collectives).

Parallèlement, une loi est établie « pour la défense de la propriété socialiste » selon laquelle tout paysan qui prendrait ne serait-ce qu'une poignée de grains dans le champ d'un kolkhoze serait fusillé ou déporté dans un camp de concentration.

Après la récolte de 1932, les brigades activistes ont confisqué le blé récolté, ce qui a provoqué une famine entraînant la mort de 6 à 8 millions d'Ukrainiens dans les villages et les petites villes d'Ukraine.

C'est une catastrophe inédite sous le régime bolchévique, sciemment organisée pour faire plier tout un peuple, un véritable génocide ayant entraîné, indépendamment des souffrances atroces, des actes de banditisme, d'infanticide, de luttes inimaginables pour la survie.

Les Soviétiques se sont arrangés pour cacher la vérité à l'opinion publique internationale, si bien que beaucoup pensaient que cette famine était due à une collectivisation alors qu'elle était délibérée.

On aurait pu penser que le rapport secret de Khrouchtchev, qui dénonçait les crimes de Staline, aurait révélé l'ampleur de cette famine mais cela n'a pas été le cas.

Le 13 janvier 2010, la Cour d'Appel d'Ukraine a confirmé les conclusions faites par les juges d'instruction du Service de Sécurité d'Ukraine, selon lesquelles les dirigeants du régime bolchévique se sont rendus coupables de « génocide du peuple ukrainien en 1932-33 » les accusés étant, entre autres, Joseph Staline et d'autres hauts dirigeants soviétiques et ukrainiens comme Viatcheslav Molotov, Lazare Kaganovitch, Pavel Postychev et Stanislav Kossier (premier secrétaire du PC d'Ukraine).

Le président ukrainien, Viktor Iouchtchenko, confirme que cette famine (holodomor) n'avait pas de « cause naturelle » ; elle était planifiée par les autorités soviétiques, dans le cadre de leur programme de collectivisation des terres et de confiscation des grains afin de « tuer les aspirations nationalistes des Ukrainiens » dont 92 % vivaient dans les villages.

Ceci fut contesté par Viktor Ianoukovytch qui considère, comme la Russie et le Kazakhstan, que c'était une « tragédie partagée » par tous les peuples de l'Union soviétique.

Une étude scientifique a été menée en 1981 sur cette famine par James E. Mace. Il a recherché toutes les sources disponibles sur l'histoire de l'Ukraine soviétique de 1918 à 1933 et a publié « Communism and the dilemmas of national liberation : national communism in soviet Ukraine, 1918-1933 » où il montre la détermination de Moscou d'écraser le sentiment national ukrainien, la famine délibérément organisée, principalement dirigée contre les Ukrainiens.

Dans un ouvrage publié en 2013 aux Éditions Noir sur Blanc de Lausanne, l'historien Andrea Graziosi a réuni, sous le titre « Lettres de Kharkov – la famine en Ukraine, 1932-1933 », des écrits montrant le vécu de ces évènements tragiques, décrivant la misère, les souffrances, la mort lente passant par des maladies engendrées par la famine comme le typhus, face aux froides et cyniques décisions d'un gouvernement sans pitié.

Des appels au secours ont été envoyés au Consulat général de Pologne par les paysans d'URSS et à d'autres entités. Tous ces faits ont été relatés en leur temps par les représentants diplomates du Consulat et de l'Ambassade d'Italie en URSS dans les « Cahiers du Monde russe et soviétique » mais sont restés dans les archives du ministère des Affaires étrangères italien.

Ces diplomates italiens avaient donc relaté ces faits plus ou moins soixante ans avant que des historiens ne fassent ressortir en public les
208

mesures prises par les autorités soviétiques pour aggraver la famine dans les campagnes ukrainiennes, en 1932-33 : refus de toute aide aux affamés jugés « responsables » de l'état dans lequel il se trouvaient pour avoir refusé de « bien travailler » ce qui entraînait le retrait de tous les autres produits alimentaires dans les magasins « coopératifs » des villages... et l'interdiction de sortir de leurs villages...

En 2006, la question de savoir si l'Holodomor était ou non un génocide était encore en débat car la Russie et le Kazakhstan arguaient du fait que l'Ukraine n'avait pas été la seule touchée par la famine.

Le Parlement européen a reconnu en 2008 cet Holodomor comme un « crime contre l'humanité » jugeant que cette famine était provoquée et donc était un « crime contre le peuple ukrainien et contre l'humanité ».

L'Ukraine après Staline, de 1953 à 1989

Après Staline, C'est Nikita Khrouchtchev, natif d'Ukraine qui se place et finit par obtenir les pleins pouvoirs en 1958.

Il est parvenu à obtenir le poste de secrétaire du parti communiste de l'URSS grâce aux membres du parti communiste d'Ukraine et il en profite pour nommer ses collègues ukrainiens à des postes clés. Notamment, Léonid Brejnev devient chef du Soviet suprême. Ces derniers nomment à leur tour d'autres Ukrainiens à des postes de responsabilité à Moscou.

Toutes ces nominations permettent à l'Ukraine de gagner en autonomie et la place privilégiée de l'Ukraine est manifestée en 1954, lors de la célébration du tricentenaire du traité de Pereïaslav de 1654. Cet évènement est marqué par le transfert de la Crimée à l'Ukraine. Pour Khrouchtchev, ce rattachement à l'Ukraine, pour des raisons économiques et géographiques, doit permettre à l'Ukraine d'y apporter son savoir-faire pour exploiter des cultures en zone sèche. La production agricole va augmenter très vite grâce à la construction du

Canal de Crimée du Nord en 1963 qui collecte 30 % des eaux du Dniepr pour les amener en Crimée afin d'irriguer 6000 km2 de terres et alimenter la population en eau potable.

Officiellement, la décision de rattachement de la Crimée à l'Ukraine était une manifestation d'amitié du peuple russe envers l'Ukraine, sachant que cette région était occupée par 71 % de colons russes contre 22 % d'Ukrainiens. Colons russes, pourquoi ? Parce que les Tatars qui occupaient la Crimée avaient été déportés en Sibérie par Staline au cours de la Seconde Guerre mondiale car, soi-disant, ils trahissaient l'Union soviétique au profit des nazis.

Encore une fois, si les choses étaient transparentes, on comprendrait pourquoi les Ukrainiens aujourd'hui sont plus en droit de conserver la Crimée que les Russes qui n'ont fait que profiter des améliorations apportées pour la rendre prospère.

Khrouchtchev dénonce la violation de principes par Staline. Il passe en revue les cas d'un million d'Ukrainiens victimes de la terreur organisée par Staline et réhabilite 300 000 personnes mais ne se préoccupe pas des personnes non membres du parti communiste ni des déportations d'Allemands et de Tatars, ni des famines meurtrières. Il maintient les condamnations pour collaboration avec les Allemands ou nationalisme clandestin. Cependant, des dizaines de milliers d'Ukrainiens envoyés au Goulag pour avoir participé à un mouvement nationaliste ukrainien sont relâchés, ainsi que des prêtres ou évêques de l'Église ukrainienne mais, entre 1960 et 1965, le nombre d'églises orthodoxes en Ukraine passe de 8207 à 4565.

Globalement, sous la mandature de N. Khrouchtchev, on note une croissance industrielle importante avec accélération de l'industrie soviétique et une croissance rapide des villes avec une multiplication des programmes de construction, les autorités ukrainiennes contrôlant aussi environ 90 % des entreprises et la totalité des exploitations agricoles, l'Ukraine étant la principale bénéficiaire de cette expansion.

L'Ukraine joue également un rôle majeur dans le programme spatial soviétique et le nucléaire civil.

Cependant, la catastrophe de Tchernobyl en 1986 incite à réfléchir et l'historien Nicolas Werth de dire : « cet évènement impulse une réflexion sur la responsabilité du pouvoir central et sur la place de l'Ukraine, la deuxième République soviétique par sa population, au sein de l'URSS : est-elle destinée, après avoir été, sous Staline, un grenier à blé surexploité, à devenir la poubelle nucléaire de l'URSS ? »

En outre, les mouvements sont toujours sévèrement réprimés sous Khrouchtchev et les membres condamnés peuvent être condamnés à des peines de Goulag et d'exil.

À partir de 1985, Mikhaïl Sergueïevitch Gorbatchev dirige l'URSS jusqu'en 1991. Il est président de l'Union des républiques socialistes soviétiques, de 1990 à 1991.

Il met en place la « perestroïka » qui autorise la petite entreprise privée et rend la terre aux paysans. Il met aussi en place une politique de la « glasnost » qui rétablit certaines libertés individuelles et libère les prisonniers politiques.

C'est seulement à partir de 1989 que la libéralisation du régime soviétique et la libération de tous les détenus politiques ont permis aux Ukrainiens de s'organiser pour défendre leurs droits. C'est ainsi que fut créé en 1989 le Mouvement populaire d'Ukraine ou Roukh, premier parti politique indépendant ukrainien depuis 1919 et qu'après un premier pas vers une complète indépendance, celle-ci est proclamée, dans un Acte de déclaration d'indépendance de l'Ukraine le 24 août 1991, confirmée par un référendum dur l'indépendance organisée le 1er décembre 1991 avec 95,5 % de voix favorables.

L'URSS cesse d'exister suite à la dissolution décidée la semaine suivante à Minsk, lors d'une réunion entre Russes, Biélorusses et Ukrainiens. C'est aussi la fin de la guerre froide.

Ukraine, État souverain indépendant : à partir de 1991

Différents élus se sont succédé à la présidence de l'Ukraine :
1. Leonid Kravtchouk, 1991-1994,
2. Leonid Koutchma, 1994-2004 ?
Avant l'élection du 3ᵉ président, en 2004, une révolution s'installe en Ukraine pour protester contre le rapprochement avec la Russie (voir plus loin).
3. Viktor Iouchtchenko, 2005-2010,
4. Tymochenko, Ianoukovytch, 2010-2014,
5. Petro Porochenko, 2014-2019,
6. Volodymyr Zelensky, 2019...

Je crois que l'on peut dire que l'indépendance de l'Ukraine, si elle a permis aux Ukrainiens de s'épanouir en jouissant d'une liberté bien méritée n'a pas été « un long fleuve tranquille ».

Le 12 décembre 1991, Leonid Kravtchouk est élu président de la République et montre clairement que son objectif principal, en matière de politique étrangère, est de resserrer les liens avec l'Europe et prendre de la distance avec la Russie avec laquelle des conflits sont à régler en ce qui concerne principalement le statut de la Crimée, majoritairement russophone, et le contrôle de la mer Noire.

Un accord de partenariat et de coopération est signé avec l'Union européenne en juin 1994 ; celui-ci est activé en 1998 et vise à développer le dialogue politique et favoriser une coopération dans les domaines économiques, financiers, culturels... et à soutenir la consolidation démocratique et la transition économique.

L'U.E. verse d'ailleurs 1,8 milliard d'euros d'aides financières aux nouveaux régimes issus de l'effondrement de l'Union soviétique.

Malheureusement pour l'Ukraine, les élections présidentielles de 1994 donnent la préférence à Leonid Koutchma (52,1 % des voix) lequel prône un rapprochement avec Moscou, prétextant que le déclin économique de l'Ukraine est dû à la rupture des liens avec Moscou. Il est pour un statut officiel de la langue russe et est en faveur de la location du port de Sébastopol à la flotte russe.

Cependant, dès octobre 1994, il déclare qu'il n'a pas été élu pour être le vassal de la Russie.

En 1996, il confirme que sa priorité est d'intégrer l'U.E. et, en 1997, il signe une charte de partenariat avec l'OTAN. En 2000, l'Ukraine définit les étapes qui doivent conduire le pays à une adhésion à l'Union européenne vers 2010-2011.

Cependant, l'Ukraine fait face à un effondrement économique au cours de cette première décennie d'indépendance. La croissance reprend à partir des années 2000 mais les richesses sont mal réparties. Elles profitent principalement aux oligarques, même si une classe moyenne commence à apparaître.

Koutchma est de plus en plus contesté, impliqué dans des affaires de corruption, d'enlèvement de journalistes, de pressions électorales et, durant les dernières années de son second mandat, il va chercher le soutien de Vladimir Poutine qui trouve que l'Ukraine est trop émancipée.

C'est la RÉVOLUTION ORANGE (voir plus loin).

Sous la présidence de Viktor Louchtchenko (2005-2010), le programme du nouveau gouvernement dirigé par Loulia Tymochenko (parti : « Notre Ukraine ») comprend de nombreuses mesures sociales ainsi que la nationalisation d'entreprises bradées mais les relations entre le président et sa Première ministre se dégradent, chacun accusant l'autre de corruption.

Le fournisseur russe de gaz, GAZPROM, exerce un chantage sur le prix du gaz, moyen utilisé par Moscou pour faire pression sur la politique étrangère du gouvernement ukrainien qui poursuit son rapprochement avec l'U.E. et l'OTAN. Suite à l'échec des négociations, Gazprom menace l'Ukraine de lui couper le gaz et le fait, le 1er janvier 2006. Après un accord avec la Russie, l'Ukraine paiera son gaz deux fois plus cher, ce qui irrite le Parlement qui vote une motion de censure le 10 janvier 2006. D'où la nécessité d'élections législatives anticipées.

Ces élections donnent une majorité au Parti des Régions du prorusse Viktor Ianoukovytch avec 32,12 % des voix.

Après un accord sur des concessions, un pacte d'unité nationale est mis en place avec notamment la soumission au référendum de la question de l'entrée de l'Ukraine dans l'OTAN.

Le 4 août 2006, le parlement ukrainien nomme Viktor Ianoukovytch Premier ministre ukrainien avec 271 voix pour 226 requises.

V. Ianoukovytch est élu Président de la République en 2010 avec 48 % des voix contre 45 pour sa rivale L. Tymochenko.

Fin 2013, la Russie essaie de faire pression sur Kiev pour que l'accord d'association entre l'U.E. et l'Ukraine ne se fasse pas donc, l'Ukraine finit par refuser cet accord ce qui entraîne d'importantes manifestations pro-européennes à Kiev avec au moins 100 000 personnes occupant la place Maïdan demandant la démission du président Viktor Ianoukovytch.

Fin novembre 2013, un conflit russo-ukrainien diplomatique et militaire débute.

Dans la semaine du 17 février 2014, des manifestations sont durement réprimées et 80 personnes meurent. Le 22 février, le Parlement vote la destitution du président Ianoukovitch.

Il fuit à l'est.

L'opposante, Loulia Tymochenko, est libérée et on peut la voir sur la place de l'indépendance en fauteuil roulant, après deux années de prison.

En mars 2014, la Russie annexe la Crimée et un référendum d'autodétermination la rattache à la Russie mais cette annexion n'est pas reconnue sur la scène internationale. Le Gouvernement ukrainien accuse la Russie « d'invasion » et « d'occupation armée » mais le Parlement de Crimée déclare l'indépendance de la République de Crimée incluant la ville de Sébastopol le 11 mars 2014, ces deux régions devenant ainsi parties fédérales de la Fédération de Russie.

Petro Porochenko est candidat à l'élection présidentielle anticipée de 2014 avec le soutien de Vitali Klitschko, oligarque alors à la tête de la confiserie industrielle Roshen qui n'a ni charisme ni programme précis mais est bien perçu, étant un chef d'entreprise compétent avec une fortune personnelle qui pourrait l'empêcher de détourner l'argent public et ayant en plus une expérience politique : il a occupé plusieurs postes ministériels. Il serait donc a priori à même de réunifier l'Ukraine qui serait en train de se faire manger par son voisin russe (Crimée, Donbass).

Il est élu au premier tour avec 54,7 % des voix. Bien entendu, les électeurs de Crimée et des régions de Donetsk et Louhansk en conflit n'ont pas pris part au scrutin.

Le 27 juin 2014, il signe un accord de libre-échange avec l'Union européenne à Bruxelles.

Tout au long de son mandat, ce président a été occupé par la guerre du Donbass. Une véritable guerre civile entre l'Union des Républiques populaires (réunissant les deux nouvelles Républiques autoproclamées de Donetsk et de Louhansk) et les forces loyalistes ukrainiennes avec des affrontements armés. Ceci a pour résultat des tensions avec le régime de Vladimir Poutine, accusé de déstabiliser la région par le Gouvernement de Kiev et la communauté internationale.

Il a essayé de lutter contre la corruption omniprésente favorisée par une impunité et il crée, en 2018, la Haute Cour anticorruption. Cependant, considérant l'ampleur du problème et de ses pouvoirs limités en tant que président pour ce genre de problème, il perd du crédit et sa cote de popularité descend à 10 % à la fin de son mandat.

39 personnes se portent candidates aux élections présidentielles de mars-avril 2019 dont un nouveau venu en politique, acteur comique très populaire, lequel mène sa campagne par le biais des réseaux sociaux, Volodymyr Zelensky.

Contre toute attente, il est élu avec 73 % des voix au second tour face à Petro Porochenko, affaibli par déjà cinq années de guerre au Donbass et la corruption qu'il n'a pas su éradiquer.

Volodymyr Zelensky n'a pas de programme mais il veut lutter contre la corruption mettant en place une loi engageant la responsabilité pénale des fonctionnaires reconnus coupables mais ces mesures sont invalidées par la Cour constitutionnelle de l'Ukraine qui les juge trop sévères. Il ne réussit qu'à faire adopter par le Parlement une loi visant à restreindre le pouvoir des oligarques, ces riches hommes d'affaires qui influencent la vie publique ukrainienne. Il est lui-même accusé d'évasion fiscale...

La nation ukrainienne est maintenant plus soudée et une grande partie de la population est bilingue particulièrement dans l'est mais Vladimir Poutine continue de nier l'existence de l'État ukrainien, d'une nation ukrainienne.

Le 23 janvier 2022, Joe Biden, le président des États-Unis ordonne aux familles de diplomates américains de quitter le territoire ukrainien à cause des fortes tensions avec la Russie et évoque « la menace persistante d'une opération militaire russe ».

Le 21 février 2022, V. Poutine reconnaît l'indépendance des Républiques autoproclamées de Donetsk et Louhansk et ordonne à ses troupes de se rendre dans ces régions dans le cadre de ce qu'il nomme une « mission de maintien de la paix ». Et l'on connaît la suite.

Révolution orange

En 2004, lors de l'élection présidentielle en Ukraine, deux candidats sont en piste :

– Le Premier ministre en exercice, Viktor Ianoukovitch, originaire du Donbass, lequel est favorable à un rapprochement avec la Russie,

– Un ancien premier ministre, Viktor Iouchtchenko, un démocrate libéral qui souhaite une ouverture vers l'occident : États-Unis et Union européenne.

Les observateurs dénoncent des fraudes importantes à l'est mais valident cependant le scrutin qui favorise V. Ianoukovitch.

V. Poutine apporte son soutien à Viktor Ianoukovitch et c'est lui qui est élu alors que de très graves irrégularités et fraudes sont notées par les observateurs étrangers, certains électeurs ayant voté dans plusieurs bureaux, des urnes ayant été volées...

C'est ce qui motive la « révolution orange » : plus de cent mille partisans de V. Iouchtchenko se sont rassemblés à Kiev, place de l'Indépendance aussi appelée place Maïdan et disent qu'ils ne quitteront pas la place tant que l'on n'aura pas reconnu V. Iouchtchenko comme président. Ils s'installent donc dans des tentes orange sur la place Maïdan et ils y resteront quarante jours et quarante nuits.

Parallèlement, des habitants de Lviv manifestent aussi ainsi qu'une jeune députée Ioulia Tymochenko. Lech Walesa se rend à Maïdan où il est acclamé.

Le président Poutine adresse bien entendu ses félicitations à V. Ianoukovitch.

Le sénateur américain envoyé par les États-Unis en Ukraine à l'occasion du scrutin, Lugar, dénonce les fraudes et ne cache pas son mécontentement comme d'autres pays tels : la Pologne, les pays baltes, la Hongrie, la Grande-Bretagne, aussi le président en exercice à l'Union européenne fait savoir au président V. Poutine que le résultat de l'élection en Ukraine est inacceptable.

Il faut noter que les votes ont montré une opposition entre l'Est et l'Ouest de l'Ukraine, l'Est ayant davantage voté pour V. Ianoukovitch et l'Ouest davantage pour V. Iouchtchenko.

Finalement, la cour suprême annule cette élection du 21 novembre, trop controversée, et on décide de procéder à un troisième tour.

Les observateurs remarquent, à cette occasion, que le visage de V. Iouchtchenko est tout boursouflé. Celui-ci, Lors d'une brève visite à Vienne, a consulté des médecins et l'analyse a révélé que ces boursouflures au visage étaient dues à l'action d'une substance toxique, la dioxine. Il a donc de toute évidence été victime d'une tentative d'empoisonnement.

Douze mille observateurs de l'OSCE, organisation de sécurité et de coopération européenne chargée du respect des libertés démocratiques, sont répartis sur le territoire ukrainien à l'occasion de ce 3e scrutin et c'est V. Iouchtchenko qui gagne avec huit points d'avance sur son rival.

V. Ianoukovitch est débouté par la Cour Suprême et V. Iouchtchenko est nommé le 6 janvier 2005 président de l'Ukraine. Il ne manque pas de se rendre à Moscou dès le lendemain pour rassurer V. Poutine et l'assurer du fait que l'Ukraine est « un partenaire géopolitique éternel ».

Ensuite, il se rend au Conseil de l'Europe à Strasbourg afin d'affirmer le souhait de l'Ukraine d'adhérer à l'Union européenne.

Il demande à Ioulia Tymochenko de constituer le nouveau gouvernement et l'opposition, pourtant défavorable, n'empêche pas ce choix.

La révolution orange a changé l'image de l'Ukraine aux yeux du monde. Elle était peu connue et considérée comme faisant partie de la Russie alors qu'elle était un pays indépendant depuis treize ans.

Les souvenirs marquants de cette région étaient liés à l'accident tragique de la centrale nucléaire de Tchernobyl en 1986 ou à la corruption que l'on considérait comme étant l'une des plus élevées au monde.

Maïdan a montré au monde un peuple de jeunes militants pacifiques déterminés et le visage défiguré d'un président courageux, qui a payé cher la volonté de réformer son pays.

L'histoire de l'Ukraine est difficile à comprendre tant elle a été disputée, déchirée, morcelée, convoitée par les pays voisins depuis fort longtemps. Voir le chapitre sur l'Histoire de l'Ukraine que j'ai essayé de comprendre à travers diverses lectures.

Ce pays, rappelons-le a perdu, entre 1917 et 1953, près de vingt millions d'habitants par suite de guerres, de massacres, de dékoulakisation, de collectivisme forcé, de famines provoquées. Les violences totalitaires qu'il a subies en font un pays martyr du XXᵉ siècle et, après Maïdan, la société ukrainienne en crise a eu beaucoup de mal à se relever ; la pauvreté, les inégalités sociales n'ont pas disparu en un jour ; le nombre des décès était supérieur à celui des naissances, considéré comme le plus bas du monde. Pour couronner le tout, ce pays a dû faire face à une crise religieuse.

Histoire de la Russie

Après la dislocation de l'État kiévien, Novgorod se sépare de Kiev et devient autonome.

La Grande Principauté de Moscou devient l'un des états les plus puissants des États médiévaux avec la République de Novgorod qui s'étend de la mer Baltique à l'Oural (1136-1478).

Elle avait pour centre Moscou et exista sous ce nom entre 1328 et 1547, après s'être appelée la principauté de Moscou de 1263 à 1328.

La Principauté de Moscou occupait à l'origine un vaste territoire au Nord-Est de la Rous', délimité par la Volga, l'Oka et la Dvina septentrionale.

Au onzième siècle, la capitale était Rostov Veliki et les principales villes : Souzdal, Luroslav et Belozersk (Cette région est aujourd'hui finlandaise). La capitale passe de Rostov à Souzdal, déplacée par le Grand Prince Vladimir en 1093. 15 ans plus tard, celui-ci fonde la ville de Vladimir, ce qui mécontente les boyards de Rostov et de Souzdal.

Au milieu du XIIe siècle, la partie sud de la Rus' fut pillée par les nomades turcophones et ses habitants migrèrent vers le nord.

Après l'incendie de Kiev en 1169, André Ier Bogolioubski (1111-1174) refuse d'occuper le trône de Kiev et y installe son frère. C'est ce qui met fin à la suprématie de la Rus'de Kiev.

La nouvelle capitale de l'État russe, Vladimir, est développée par André 1er lequel fut assassiné par les boyards en 1174.

Son frère, Vsevolod poursuit sa politique jusqu'à sa mort en 1212.

À la fin du règne de Laroslav à Novgorod, les hordes mongoles prennent et brûlent Vladimir en 1238 ainsi que d'autres grandes villes qui deviennent vassales de l'Empire mongol qui fonde la Horde d'Or.

Alexandre Nevski, Grand Prince, est intronisé Grand Prince de Vladimir.

La principauté se désintègre en onze petits états dont Moscou, tous sous la suzeraineté du Grand Prince de Vladimir.

À la fin du 13e siècle, trois villes étaient encore sous la suzeraineté du Grand Prince dont Moscou.

Le Grand-duché de Moscou éclipsa peu à peu ses rivaux et la ville de Vladimir fut déplacée à Moscou en 1325, perdant son pouvoir sur le Nord-Est de l'ancienne Rus.

C'est ce qui explique que la Russie comme l'Ukraine revendiquent leur origine dans la Rous' de Kiev. :

– Les Ukrainiens considèrent que Kiev a apporté la culture et la religion aux Russes du Nord qui ont ensuite saccagé la capitale de la Rous' en 1147 et ont fragilisé le royaume, lors de l'invasion des Mongols ;

– Les Russes considèrent que Kiev est la mère de toutes les cités des principautés nordiques, qui se sont définies, après la prise de Kiev en 1240 par les Tatars, comme « russes » par référence à la Rous'.

La réalité, c'est qu'un prince de la Rous' de Kiev s'est séparé de la tutelle de Kiev pour devenir prince de Novgorod dans le Nord. En ce sens, il avait bien des racines à Kiev.

L'autre réalité, c'est que le nord a subi les influences des Tatars, des Mongols, des Petchenègues turcophones donc des populations plutôt asiatiques alors que l'Ukraine, la région de Kiev et ses alentours, a conservé une culture slave, plus influencée par les mouvements de tribus puis de nomades venus de l'Ouest. Antoine Arjakovsky, l'auteur du livre « Russie, Ukraine, de la guerre à la paix » en 2014, parle de mythologie à propos de la version qu'ont les Russes et les Ukrainiens de leur histoire. En fait, chacun a une réelle histoire et c'est vrai qu'ils se la racontent selon ce qu'ils ressentent et le mot mythe semble compenser une lacune dans l'explication de ces histoires. En l'occurrence, les Russes qui se sont bien séparés depuis longtemps tiennent à se référer à une racine kiévienne et à une annexion afin de se donner le droit de pouvoir dominer les autres racines.

De nombreux pays pourraient ainsi faire des retours en arrière et annexer leurs voisins mais, fort heureusement, la majorité n'a pas mis en place une dictature à sa tête. Nous devrions tous apprécier la démocratie, les libertés mises en place, chèrement payées, et ne pas nous emporter en votant pour des extrémistes de gauche ou de droite, beaux parleurs, graines de dictateurs, si nous ne voulons pas nous retrouver un jour dans la situation de l'Ukraine, martyre d'un soi-disant « grand frère » qui veut la dominer en lui infligeant les pires souffrances.

Chacun de ces deux pays a eu sa propre histoire, ses propres dirigeants.

À propos de la version ukrainienne de son histoire et de la version russe de son histoire, il est intéressant de lire le livre d'Alexandre Volkonski : *Ukraine – la vérité historique –*, traduit du russe et édité par les Éditions des Syrtes en 2015, paru à Rome en 1920 sous le titre « La Vérité historique et la propagande ukrainophile ».

En lisant ce livre, on constate que l'auteur, d'origine princière pétersbourgeoise et orthodoxe dont le père était ministre du Palais impérial, donne une version russe de son histoire, attribuant le mot « vérité » à son histoire. Mais, on peut également noter avec quel mépris il considère l'Ukraine et ceux qui défendent son histoire.

Dans sa préface, Jean-Pierre Arrignon dit d'ailleurs : « c'est une lecture militante d'un homme meurtri de voir sa patrie, la Russie, dépecée, marginalisée, humiliée par les alliés anglais, américains et français, vainqueurs de la Grande Guerre. »

Sa position de prince issu de la plus vieille noblesse impériale russe l'aveugle, lui interdisant d'accepter que des « petits russes » aient une histoire, qualifiant par exemple l'historien renommé Hrouszewski de « falsificateur de l'histoire russe » donnant de fausses informations sur l'origine de la langue ukrainienne...

Pourquoi ce genre d'homme ne veut-il pas admettre que l'Ukraine a son histoire, tout comme la Russie, tout comme la Pologne, tout comme l'Angleterre, tout comme l'Allemagne, tout comme la France, tout comme les États-Unis ou comme tout autre pays souverain dans le monde a la sienne ?

En faisant ces déclarations partisanes, le prince Volkonski ne se rend pas populaire à mes yeux. Il se fait le complice de dirigeants assoiffés de pouvoir, d'argent, de sang, de tous ces monstres qui ont fait de l'histoire ce qu'elle est.

En ce qui concerne la Russie, je ne rentrerai pas dans le détail mais je rappelle quels ont été ses dirigeants au cours de son expansion et, dans le chapitre sur l'histoire de l'Ukraine, on retrouvera les différents modes d'ingérence de la Russie en Ukraine

Les princes de Moscou :
− 1283-1303, Daniel Moskovski,
− 1303-1325, Iouri Moskovski,
− 1325-1350, Ivan Ier Kalita,

Les grands princes de Moscou :
− 1340-1353, Siméon Ier le fier,
− 1353-1359, Ivan II,
− 1359-1389, Dimitri Donskoï,
− 1389-1425, Vassili Ier,
− 1425-1462, Vassili II,
− 1462-1505, Ivan III,
− 1505-1533, Vassili III,
− 1533-1547, Ivan IV,

Tsars :
− 1547-1584, Ivan IV,
− 1584-1598, Fédor Ier,
− 1598-1605, Boris Godounov,
− 1605-1613, usurpateurs, maison des Shuysky et Maison des Vasa,
− 1613-1645, Michel Romanov,
− 1645-1676, Alexis Ier (il contrôle l'Est de l'Ukraine),
− 1676-1682, Fédor III,

- 1682-1696, Ivan V,
- 1682-1725, Pierre Ier conjointement avec son frère Ivan,
- 1725-1727, Catherine Ire,
- 1727-1730, Pierre II,
- 1730-1740, Anne Ire,
- 1740-1741, Ivan IV,
- 1741-1762, Élisabeth Ire,
- 1762-1762, Pierre III,
- 1762-1796, Catherine II « la grande »,
- 1796-1801, Paul Ier,
- 1801-1825, Alexandre Ier,
- 1825-1855, Nicolas 1er,
- 1855-1881, Alexandre II,
- 1881-1894, Alexandre III,
- 1894-1917, Nicolas II.

À la fin du XVIIIe siècle, Catherine II la GRANDE réussit à faire ce que ses prédécesseurs n'avaient pas réussi à faire :
ANNEXER LA CRIMÉE PUIS L'ENSEMBLE DE L'UKRAINE.

En 1917, la monarchie tsariste est renversée. Pour laisser place aux Soviets.

À propos du langage des peuples ukrainiens et russes

La langue ukrainienne remonte au début du Moyen Âge, dans l'État kiévien Rus' ou Rous'.

La Rous' de Kiev a existé en tant qu'État vers 880 jusqu'au milieu du 13ᵉ siècle lorsque l'invasion mongole a contribué à la chute du pays mais la langue ukrainienne est restée vivante et fait partie des langues slaves.

Il est courant de dire que l'Ukrainien est plus « slave » que le Russe car l'Ukrainien a conservé davantage de racines de l'ancienne langue slave.

Le Gouvernement russe a tenté d'éradiquer cette langue et, en 1990, la Russie a déclaré que le Russe devait être la langue dominante de tous « ses » États.

La langue ukrainienne utilise un alphabet cyrillique et non latin. La plupart des locuteurs de cette langue vivent en Ukraine et c'est une langue minoritaire en Croatie, en Pologne, en Roumanie, en Russie, en Slovaquie.

La langue russe est issue du groupe des langues slaves, formalisée dans le vieux slave.

L'alphabet est cyrillique.

L'alphabet cyrillique a été créé au Xème siècle par des moines macédoniens : Cyrille et Méthode.

Le Russe appartient aux langues slaves de l'Est, comme l'Ukrainien et le Biélorusse.

Le vieux russe est issu du vieux slave qui a été utilisé du Xᵉ au XIVᵉ siècle pour devenir un Russe plus moderne. Le Russe littéraire est né au XVIIIᵉ siècle. Le Russe est donc une création hybride du vieux russe et du slavon.

La Crimée

Dans l'antiquité, la Crimée était nommée Chersonèse Taurique et était habitée par les Cimmériens.

Les Grecs y ont établi des comptoirs commerciaux au VIe siècle av. J.-C. et ont formé le royaume du Bosphore en 480 av. J.-C.

C'est devenu un protectorat romain en 47 av. J.-C.

Au Moyen Âge, la région a été envahie par les Goths, les Huns, les Khazars et les Russes de Kiev pendant le règne de Vladimir 1er.

Les Génois y ont fondé des comptoirs commerciaux et les ont abandonnés en 1475.

Puis, les Tatars y ont établi un Khanat indépendant suzerain de l'Empire ottoman. Le Khanat de Crimée est alors un État gouverné par les Tatars, et ce à partir de 1441 jusqu'en 1783. Parmi les khanats turcs issus de l'éclatement de la Horde d'Or, le khanat de Crimée est celui qui a duré le plus longtemps. On appelle Khanat un royaume turc ou mongol dirigé par un Khan.

De 1792 à 1921, après la guerre russo-turque (1768-1774), la Crimée est devenue indépendante mais les Russes l'ont annexée en 1783 et le ministre russe Potemkine a fait aménager la base navale de Sébastopol.

La guerre de Crimée opposait d'un côté les Russes qui voulaient annexer Constantinople et les détroits reliant la mer Noire et la mer Méditerranée et, de l'autre côté, une coalition formée par l'Empire ottoman soutenu par la France, l'Angleterre et le Royaume de Sardaigne, les Turcs voulant défendre leur indépendance.

Les enjeux étaient non seulement géopolitiques mais résultaient aussi d'un conflit politico-religieux qui se jouait en Palestine (sous domination ottomane), entre chrétiens occidentaux et orientaux, pour le contrôle des lieux saints.

La guerre a débuté le 4 octobre 1853 et s'est terminée en faveur des alliés franco-britanniques lors de la bataille de l'Alma en septembre 1854 puis, au siège de Sébastopol, se traduisant au final par le traité de Paris, signé le 30 mars 1856.

Le bilan : 5700 Russes, 2000 Britanniques, 1340 Français et 500 Ottomans morts pour la seule bataille de l'Alma.

La guerre de Crimée est une victoire pour Napoléon III mais le bilan total est lourd :

700 000 morts dont 460 000 morts de maladie (choléra, typhus, scorbut...) 450 000 morts russes, 120 000 ottomans, 100 000 Français, 21 000 britanniques, 2000 sardes.

Les côtés positifs de cette guerre :

− Alexandre II, Tsar en Russie abolit le servage en 1861,

− Napoléon III en France, restaure le prestige du pays sur la scène internationale,

− L'Angleterre réussit à bloquer la progression russe vers les détroits,

− L'Empire ottoman se voit obligé d'accepter l'émancipation des Balkans (Bosnie, Bulgarie...),

− L'intervention des Sardes permet de poser la question de l'unité italienne devant l'Europe,

− Le développement du chemin de fer, rendu nécessaire pour le ravitaillement des troupes,

− Le développement de la chirurgie avec l'emploi de produits anesthésiques pour soigner les blessés.

De 1921 à 1992, les armées blanches commandées par Denikine et Wrangel s'y réfugient, au cours de la guerre civile russe.

En 1922, alors que l'URSS voit le jour, la Crimée devient République autonome de la République Socialiste fédérative soviétique de Russie.

Au cours de la Seconde Guerre mondiale, la Crimée est occupée, de fin 1941 au printemps 1944, par les armées allemandes.

À la fin de la Seconde Guerre mondiale, les Tatars, considérés comme des collaborateurs de l'occupant allemand, sont déportés en Sibérie.

En 1954, la Crimée est rattachée à la République soviétique d'Ukraine, donnée par Nikita Khrouchtchev pour des raisons économiques principalement.

Donc, en 1991, lors de l'éclatement de l'URSS, la Crimée est une république autonome d'Ukraine jusqu'à ce que la Russie se l'approprie après un référendum (controversé) en mars 2014.

Le résultat est que les touristes qui veulent aller en Crimée ont maintenant besoin d'un visa russe. Le climat de type méditerranéen a permis l'installation de nombreuses stations thermales et balnéaires et attire beaucoup de touristes.

L'Ukraine et la majorité des Occidentaux considèrent que cette intervention de la Russie est une violation de la souveraineté de l'Ukraine.

Sébastopol, qui est situé à la frontière sud de la Crimée est une ville fédérale russe.

Le Donbass

Le Donbass, ce territoire de près de 55 000 km2 (deux fois la taille de la Belgique) qui englobe notamment Louhansk et Donetsk, a été pendant plusieurs siècles un territoire peu habité, partagé entre les Tatars de Crimée et les cosaques ukrainiens.

Le Donbass est un bassin houiller situé à l'est de l'Ukraine et frontalier de la Russie.

Situé entre la mer d'Azov au sud et le fleuve Don au nord, c'est une région économique et culturelle importante de l'Ukraine qui comprend notamment deux provinces :

− L'oblast de Donetsk,

− L'oblast de Louhansk.

La capitale officieuse du Donbass est Donetsk.

La steppe appelée Donbass appartenait aux Tatars de Crimée avant l'arrivée des Cosaques du Don au cours du XVIIᵉ siècle.

Jusqu'en 1770 donc, le contrôle de cette région était partagé entre un Hetmanat cosaque majoritairement ukrainien et le Khanat de Crimée, vassal de l'Empire ottoman.

La première ville de cette région fut Sloviansk, créée en 1676, afin de permettre l'exploitation de mines de sel gemme et ces territoires furent nommés, par les conquérants russes, la « Nouvelle Russie », en 1770.

En 1870, l'exploitation de la houille, découverte en 1721, est mise en place.

Il y a différentes frontières officieuses à cette région du Donbass car les veines du charbon de Donetsk et de Louhansk débordent vers Dnipropetrovsk à l'ouest et sur la Russie méridionale à l'est.

Donetsk, métropole de cette région, a été fondée en 1864 par l'industriel gallois John James Hughes et le Donbass, dès lors, s'est imposé comme l'un des bastions de l'industrie lourde sur le site de la vieille ville zaporogue d'Olexandrivka, avec l'exploitation des premiers charbonnages de la région.

En 1897, la région regroupait 52,4 % d'Ukrainiens et 28,7 % de Russes.

Les minorités ethniques étaient composées de Grecs, d'Allemands, de Juifs, de Tatars, regroupés plutôt dans le district cosmopolite de Marioupol, plus au sud.

Suite à la guerre civile russe de 1917 à 1922, le Donbass s'est retrouvé, comme les autres territoires ukrainiens, annexé à la République Socialiste Soviétique d'Ukraine et l'est resté jusqu'à la dislocation du bloc soviétique. Ensuite, le Donbass faisait toujours partie du territoire autonome de l'Ukraine devenue indépendante.

Lors de l'opération Barbarossa (22.06.41 au 22.02.42), Adolf Hitler, qui considérait les ressources du Donbass comme un atout important, a donné l'ordre de mobiliser un maximum de forces pour s'en emparer. L'attaque surprise du 22 juin 1941 (opération Barbarossa), de l'Allemagne nazie contre l'Union soviétique, alors son alliée dans la guerre contre la Pologne, brisant le pacte germano-soviétique, a entraîné la mort de millions de prisonniers de guerre et de civils soviétiques et un massacre de masse des juifs soviétiques.

La présence de nombreux russophones dans le Donbass est liée principalement à l'envoi de travailleurs russes dans cette région après la Seconde Guerre mondiale.

Cette région a donc conservé, après la chute de l'URSS et l'indépendance de l'Ukraine en 1991, de forts liens économiques et culturels avec la Russie.

Dans cette région, un premier conflit a éclaté en 2014 entre ceux qui voulaient se rapprocher de la Russie (prorusses) et ceux qui ne souhaitent pas que l'Ukraine soit divisée.

Moscou a donc affirmé vouloir « libérer » cette région et un conflit sanglant s'est installé depuis 2014 entre Kiev et les séparatistes prorusses et, avec le soutien de Moscou, les Russes ont pris le contrôle de ce bassin minier en déclarant deux Républiques populaires séparatistes : Louhansk et Donetsk.

OTAN

Le texte du traité de l'OTAN, ou Organisation du Traité de l'Atlantique Nord, a été signé le 4 avril 1949.

Il met en place une alliance **militaire défensive contre toute attaque armée** contre l'un de ses membres en Europe, en Amérique du Nord ou dans la région de l'Atlantique Nord, au nord du tropique du Cancer.

Cette organisation a vu le jour au début de la Guerre Froide, au moment du blocus de Berlin exercé par les Soviétiques.

Sa vocation est d'assurer la sécurité de l'Europe occidentale et d'instaurer un couplage fort avec les États-Unis, afin de se prémunir contre toute tentative d'expansion de l'Union soviétique.

Selon le Secrétaire Général, Lord Ismay, le rôle de l'OTAN est alors de « garder les Russes à l'extérieur, les Américains à l'intérieur et les Allemands sous tutelle ».

Jusqu'en 1991, l'adversaire est l'URSS qui a elle-même formé le « pacte de Varsovie ».

L'OTAN s'organise pour se protéger contre la menace nucléaire notamment.

Cette organisation a perduré après la dislocation de l'URSS en 1991 et a même procédé à son élargissement avec d'anciens pays du bloc de l'Est.

Depuis 1994, les pays de l'alliance ont établi un partenariat pour la paix (PPP) avec la Russie et les pays neutres d'Europe occidentale.

L'OTAN a aussi une relation privilégiée avec l'U.E. dans le cadre de la politique de sécurité et de la défense commune.

L'invasion de l'Ukraine, en février 2022, donne à l'OTAN l'opportunité de retrouver sa raison d'être.

Son siège, d'abord à Londres, puis à Partis, est aujourd'hui à Bruxelles.

L'OTAN compte 30 membres (28 pays européens et 2 Américains : les États-Unis et le Canada).

Le seul État européen qui ne fait pas partie du PPP est Chypre.

Conclusion

Alors que ce livre se termine, alors que des scènes de liesse, de joie où l'émotion est intense suite à la libération de Kherson sous occupation russe depuis le début de cette « opération spéciale », la guerre n'est pas terminée.

On ne sait pas ce qui a motivé le retrait des troupes russes vers la rive gauche du Dniepr : une défaite comme certains le pensent ou un repli stratégique bien pensé pour préparer je ne sais quelle horreur ?

Les Ukrainiens sont prudents et bien formés, bien organisés ce qui est un avantage pour eux face aux troupes russes mal formées, mal encadrées et cependant barbares.

Il est évident que les Ukrainiens n'ont pas la même mentalité que les Russes. En effet, les troupes ukrainiennes auraient très bien pu tuer les 30 000 soldats russes qui fuyaient mais ils ne l'ont pas fait. Les Ukrainiens veulent retrouver leur territoire et leur liberté. C'est leur motivation première et ils n'ont pas, comme certains le laissent entendre, un esprit de vengeance.

Par contre, le 8 octobre, suite probablement aux avancées de l'armée ukrainienne sur les zones prises par l'armée russe et aussi suite à l'explosion sur le pont de Crimée (attribuée par les Russes aux Ukrainiens), des missiles ont été déployés en masse sur différentes grandes villes ukrainiennes comme Kiev ou Kharkiv. Le 11 octobre, le porte-parole de l'ambassade de Russie en France parle de « gentillesse de la Russie lorsqu'elle ne frappe pas ».

Le résultat fut que plus d'un million de civils ukrainiens se sont retrouvés privés d'électricité, 30 % des centrales ayant été détruites.

Des bouleversements vitaux se sont produits suite aux bombardements incessants. Le but de V. Poutine est d'affaiblir le moral des civils et de pénaliser les industries.

Début octobre, les Ukrainiens annonçaient déjà : 36 000 cas de crimes de guerre (dont 7797 civils dont 416 enfants) et à Kherson, aujourd'hui 14 novembre, il y en aurait déjà 400 repérés. Dans chaque ville ou village récupérés par les Ukrainiens, on retrouve les mêmes horribles massacres.

Toujours selon des sources ukrainiennes, les pertes russes sont énormes : 75 440 soldats, 2758 chars, 277 avions, 260 hélicoptères.

L'État-Major américain indique 100 000 morts et blessés de chaque côté.

Ces chiffres importants ne sont certainement pas le reflet de la réalité mais il est évident que les peuples ukrainiens et russes payent très cher la fantaisie d'un dictateur imbu de sa personne. Sans compter les déportations de citoyens ukrainiens vers la Russie, notamment des enfants séparés de leurs familles ukrainiennes pour devenir de futurs citoyens russes.

On ne peut qu'admirer le fait que le président ukrainien, V. Zelensky, se soit déplacé jusqu'à Kherson pour féliciter les troupes et être proche de la population. Alors que le président russe, V. Poutine, ne se déplace jamais et délègue froidement des actes de barbarie à ses « aides de camp », quel autre nom leur donner ? Ces hommes qui ne lui tiennent pas tête de peur d'aller en prison ? Sauf quelques courageux bien sûr comme Alexeï Navalny.

Il est évident que cette guerre n'aurait pas eu lieu si les accords de paix avaient été respectés et si l'Ukraine n'avait pas abandonné l'arme nucléaire.

Le 16 juillet 1990, le Conseil Suprême d'Ukraine a adopté la déclaration de souveraineté d'État d'Ukraine et a annoncé que l'Ukraine n'utiliserait pas, ne produirait pas et ne stockerait pas d'armes nucléaires. Le 24 octobre 1991, le parlement ukrainien a adopté le statut non nucléaire.

Il est évident que si cet engagement n'avait pas été pris, il n'y aurait pas la guerre aujourd'hui.

Le 5 décembre 1994, le Mémorandum de Budapest a été signé par la Biélorussie, le Kazakhstan et l'Ukraine d'une part et d'autre part par La Russie, les États-Unis et le Royaume-Uni en vue d'accorder des garanties d'intégrité territoriale et de sécurité aux trois anciennes Républiques socialistes soviétiques ci-dessus en échange de leur ratification du traité sur la non-prolifération des armes nucléaires, accords validés à nouveau par les États-Unis et la Russie en 2009.

Lors de l'annexion de la Crimée par la Russie en 2014, l'Ukraine s'est référée à ce mémorandum pour rappeler à la Russie qu'elle s'était engagée à respecter les frontières ukrainiennes.

Un rêve

I HAVE A DREAM (j'ai un rêve), nom du discours prononcé le 28 août 1963 par le pasteur militant américain, Martin Luther King, devant le Lincoln Memorial à Washington, durant la marche sur Washington pour l'emploi et la liberté.

Dans ce discours, il évoque l'idée d'une Amérique fraternelle, où les noirs et les Blancs pourraient vivre ensemble en harmonie et avec les mêmes droits civiques. À cette époque, les Noirs américains étaient encore victimes de la ségrégation raciale. Il y a hélas encore des racistes un peu partout.

Nous aussi, comme de nombreux Ukrainiens, comme de nombreux sympathisants, comme de nombreuses personnes sidérées par tous les débordements de tout bord, nous aussi, nous voulons faire un rêve :

Que les peuples puissent s'entendre au lieu de s'entretuer.

Que l'Ukraine en particulier, cette formidable combattante qui lutte depuis des siècles pour son autonomie, pour son indépendance, pour sa liberté, que l'Ukraine avec son courageux et dynamique président lequel a été dévalorisé par les critiques au début de son mandat, avec ses combattants et ses habitants déterminés, *que l'Ukraine puisse gagner cette guerre qu'elle n'a pas voulue et qu'elle puisse retrouver la paix, une paix méritée.*

L'Ukraine souveraine tourne sa face vers l'occident, dont la France, car ces pays sont symboles de liberté et de démocratie et parce qu'elle a souffert à cause des oppressions, des famines, des violences, des guerres, des agressions multiples.

Les Français n'oublient pas qu'après l'intégration de l'Ukraine à l'Union soviétique, des Ukrainiens réfugiés en Pologne ont répondu aux offres de venir en France pour travailler à la reconstruction de la France, après l'hécatombe de la Première Guerre mondiale. Ce fut le cas de ta famille.

Chaque Ukrainien n'oublie pas qu'une princesse ukrainienne est devenue une reine de France : Anne de Kyïv, fille du grand prince de la Rous', Jaroslav, qui a épousé en 1051, à Reims, le roi de France Henri Iᵉʳ.

Chaque Ukrainien sait que le fils de l'Hetman Pypyp Orlyk a été officier de l'armée française.

Grégoire Orlyk (1672-1742) fut diplomate et maréchal de France. Il était entré au service de Louis XV. Paris avait alors une renommée importante : carrefour de la politique internationale et capitale culturelle mondiale.

Lorsque je regarde l'Atlas mondial, je constate que la France, située à mi-chemin entre l'arctique et l'antarctique, du nord au sud et, latéralement, à mi-chemin entre l'Amérique du Nord et la Russie est un tout petit pays : 552 000 km2 et 65 millions d'habitants ; je constate que l'Ukraine est un petit peu plus grande : 604 000 km2 et 44 millions d'habitants et beaucoup de pays européens, civilisés avec régime démocratique, sont beaucoup plus petits face au géant russe, comme la Slovaquie, par exemple : 49 000 km2 et 5,5 millions d'habitants. Chiffres datant de 2020.

Le territoire de la Fédération de Russie est immense et semble largement suffisant pour accueillir ses citoyens : 17 098 000 km2 et 146 millions d'habitants en 2020.

Pourquoi vouloir toujours plus ? Peut-être parce que les autres pays, aux alentours, semblent avoir plus de richesses, plus de développement culturel, plus d'atouts ? La Russie est-elle donc si frustrée ? Il me semble qu'elle a beaucoup d'atouts et le peuple russe est attachant.

Lorsque l'on constate ce qu'Israël a fait pour transformer un désert de cailloux en terres fertiles, on peut se poser des questions :

Pourquoi les dirigeants russes, qu'il s'agisse des princes, des grands princes, des Tsars, des Soviétiques, des gouvernements actuels, pourquoi ne s'attachent-ils pas à développer encore davantage leurs propres richesses, à faire fructifier davantage leurs immenses territoires ? Pourquoi toujours convoiter ce que les plus petits ont élaboré au fil des siècles, pourquoi les humilier et les dominer en leur prenant leurs biens et en en faisant des « petits russes » ?

Ils sont assez riches pour produire et innover autre chose que des armes destructrices.

Pourquoi ne s'attachent-ils pas à rendre leur pays, non seulement plus puissant, plus à la pointe de la technologie, mais plutôt plus harmonieux, mais aussi à donner du bonheur à leur peuple en leur donnant plus de liberté, plus de compétences, plus de capacités créatrices. Ont-ils vraiment besoin de peupler de Russes les territoires de leurs voisins ? C'est bien sûr une stratégie pour pouvoir dire ensuite que ces territoires appartiennent aux Russes. On a vraiment l'impression que les dirigeants russes jouent en permanence une partie d'échecs et qu'à ce jeu, ils ne veulent surtout pas perdre.

Pour que le monde les admire et les prenne en exemple, il ne tient qu'à eux d'arrêter de se comporter en sauvages, en rats des steppes, et de développer leurs terres et leur culture.

Dans les années soviétiques, alors que nous nous sommes rendus en Ukraine soviétique, nous avons bien compris que la propagande visait à faire croire aux Russes que l'occident était perverti et qu'il n'y avait rien à manger. Il me semble que tout être vivant a le droit d'exister, de même tout État devrait pouvoir être fier d'exister et pratiquer le partage plutôt que de prendre à celui qui possède. C'est une conception plus logique de la démocratie et cela permet un vivre ensemble plus vrai, plus chaleureux, plus harmonieux.

Si j'étais un oiseau libre de voler au-dessus de tous les cieux, en survolant la Russie je regarderais les bâtiments somptueux avec des coupoles dorées sur Moscou et Saint-Pétersbourg, ces villes magnifiques, mais très vite, n'y trouvant pas une place pour me reposer, j'irai vers les campagnes désertes pour y trouver de l'humanité. Si je comprenais le discours des habitants de ces villages, je ne comprendrais pas pourquoi ils vénèrent comme un Dieu celui qui les dirige en les privant de liberté et qui leur dit que c'est à cause de ce vilain peuple ukrainien nazi qui leur veut du mal. Alors, j'irai voler au-dessus de l'Ukraine afin de me rendre compte de ce qui se passe. Je serais alors effrayé par la poussière des cendres, par l'odeur de brûlé, par les cris des blessés, par l'odeur des cadavres, par la laideur des quartiers, des villages, des villes, détruits et par le bruit incessant des bombes.

Alors je me souviendrai avoir entendu un certain ministre des Affaires Étrangères dire que si les Ukrainiens continuaient à les combattre avec les armes occidentales, il serait obligé d'aller plus loin.

Je ne comprendrais rien, moi, petit oiseau. Qui agresse l'autre ? Qui est le méchant ? Qui est le nazi ? Qui tue ? Qui détruit ? Je n'ai pas vu de destruction dans ce grand pays de Russie que j'ai survolé et là, dans ce petit pays où j'avais souvent pu me poser et chanter sur un arbre, je suis obligé de fuir à cause de la désolation.

Où vais-je me poser pour dormir tranquille ce soir ?

Les Russes s'emparent des biens de ceux qui les entourent plutôt que de faire fructifier les leurs.

Si Martin Luther King était encore des nôtres, il dirait : « I have a dream, : qu'hommes et femmes puissent vivre ensemble, là où ils sont nés, quel que soit leur sexe, leur couleur, leur culture, leur état... dans la paix et l'harmonie, sans craindre pour leur vie... »

Serait-ce un rêve utopique ?

Bibliographie

Joukovsky (Arkady), *Histoire de l'Ukraine – des origines à nos jours –* ; Éditions du Dauphin, 2005.

Volkonski (Alexandre), *Ukraine – la vérité historique –* ; Éditions des Syrtes, 2015.

Paziuk (Michaël), *Victim of Circumstance –A Ukrainian in the arm of the Third Reich* ; The Book Factory, London, 1993.

Lebedynsky (Iaroslav), *Les guerres d'indépendance de l'Ukraine, 1917-1921* ; LEMME édit., 2016.

Hervieux (Julien), *le Petit Théâtre des Opérations 1914-1918 – Anecdotes, héros et faits d'armes insolites de la Grande Guerre* ; Albin Michel, 2018.

André (Jean-Louis), *La passion de… l'Ukraine, un pays entre deux mondes* ; Éd. Alphée, Jean-Paul Bertrand, 2009.

Guillemoles (Alain), *Ukraine, le réveil d'une nation* ; Éd. Les Petits Matins, 2015.

Arjakovsky (Antoine), *Russie Ukraine, de la guerre à la paix ?* ; Éd. Parole et Silence, 2014.

Thevenin (Étienne), *l'Enjeu ukrainien, ce que révèle la Révolution Orange* ; C L D Éditions, avril 2005.

Craziosi (Andrea) et Dmytrychyn (Iryna), *Lettres de Kharkov, La famine en Ukraine 1932-1933* ; Les Éditions NOIR sur BLANC, Lausanne, 2013.

Pliouchtch (Leonid), *Ukraine : à nous l'Europe* ; Éditions du Rocher, 1993.

Article du Magazine *Le Monde* : « Nice la Russe et l'ombre de Poutine » et « À Moscou, l'exil de la classe moyenne », 26 mars 2022, n° 549.

Table des matières

Imprimé en Allemagne
Achevé d'imprimer en novembre 2022
Dépôt légal : novembre 2022

Pour

Le Lys Bleu Éditions
40, rue du Louvre
75001 Paris